WISSEN FÜR DIE PRAXIS

Weiterführend empfehlen wir:

Beschäftigungsorientiert beraten und vermitteln
ISBN 978-3-8029-7521-9

Antragstellung und Widerspruchsverfahren in der Sozialen Arbeit
ISBN 978-3-8029-7584-4

Eilrechtsschutz und Klageverfahren in der sozialen Arbeit
ISBN 978-3-8029-7511-0

FOKUS Sozialrecht
www.fokus-sozialrecht.de

Weitere Titel unter: www.WALHALLA.de

Thomas Knoche

WoGG

Das neue Wohngeldrecht

Leitfaden für Beratung, Betreuung und Fallbearbeitung in der sozialen Praxis

Mit WoGG und WoGV

3., aktualisierte Auflage

WALHALLA

Bibliografische Information der Deutschen Nationalbibliothek
Die Deutsche Nationalbibliothek verzeichnet diese Publikation in der Deutschen Nationalbibliografie; detaillierte bibliografische Daten sind im Internet über http://dnb.dnb.de abrufbar.

Zitiervorschlag:
Thomas Knoche, WoGG – Das neue Wohngeldrecht
Walhalla Fachverlag, Regensburg 2020

Hinweis: Unsere Werke sind stets bemüht, Sie nach bestem Wissen zu informieren. Alle Angaben in diesem Buch sind sorgfältig zusammengetragen und geprüft. Durch Neuerungen in der Gesetzgebung, Rechtsprechung sowie durch den Zeitablauf ergeben sich zwangsläufig Änderungen. Bitte haben Sie deshalb Verständnis dafür, dass wir für die Vollständigkeit und Richtigkeit des Inhalts keine Haftung übernehmen.
Bearbeitungsstand: Januar 2020

3., aktualisierte Auflage

Produktion: Walhalla Fachverlag, 93042 Regensburg
Umschlaggestaltung: grubergrafik, Augsburg
Printed in Germany
ISBN 978-3-8029-7574-5

Schnellübersicht

	Seite	
Vorwort	7	
Abkürzungen	9	
Gesetzeszweck, Übersicht Wohngeldreform	11	1
Anspruchsberechtigte	27	2
Berechnung des Wohngelds	65	3
Antrag, Bewilligung, Verfahren	89	4
Gesetzliche Grundlagen (WoGG, WoGV)	99	5
Stichwortverzeichnis	157	6

Vorwort

Bund und Länder haben auf dem Wohngipfel am 21.09.2018 eine Verbesserung des Wohngelds zum 01.01.2020 vereinbart. Damit sollen die Reichweite und das Leistungsniveau des Wohngelds gestärkt werden. Dazu planen Bund und Länder für das Jahr 2020 Mehrausgaben in Höhe von 1,2 Milliarden Euro ein.

Die alle zwei Jahre stattfindende Überprüfung von Mieten, Mietenstufen und Wohngeldhöhe ergab einen Anstieg der Mieten bis Ende 2019 um etwa 9 Prozent; die Lebenshaltungskosten stiegen im gleichen Zeitraum nur um etwa 6 Prozent. Damit sinkt der reale Wert des ausgezahlten Wohngeldbetrags. Gleichzeitig führen Einkommensanstiege, die nur die Inflation ausgleichen, zu einer Verminderung oder zum Verlust des Wohngeldanspruchs.

Bei vielen Haushalten reicht das Einkommen trotz Wohngeld (und ggf. Kinderzuschlag) nicht mehr aus, um den Lebensunterhalt selbst zu decken. Da das Wohngeld nicht wie die Grundsicherungsleistungen nach dem SGB II und dem SGB XII jährlich angepasst wird, wechseln jedes Jahr Haushalte vom Wohngeld in die Grundsicherung. Dies alles führt dazu, dass ohne Wohngeldreform die Zahl der Wohngeldempfängerhaushalte von rund 630.000 Ende 2016 auf etwa 480.000 Ende 2020 absinken würde.

Um dem gegenzusteuern, hat die Bundesregierung nun eine neue Wohngeldreform vorgelegt. Schwerpunkt der Reform ist die Anhebung des Leistungsniveaus des Wohngelds, unter anderem mit einer Anpassung der Parameter der Wohngeldformel.

Es wird eine neue Mietenstufe VII eingeführt, um Haushalte in Gemeinden (ab 10.000 Einwohnern) und Kreisen (mit Gemeinden unter 10.000 Einwohnern und gemeindefreien Gebieten) mit besonders hohen Mietniveaus gezielter bei den Wohnkosten zu entlasten.

Miethöchstbeträge werden regional gestaffelt angehoben, um der regional unterschiedlichen Mietenentwicklung gerecht zu werden.

Das Wohngeld soll dynamisiert werden. Es soll alle zwei Jahre an die Miet- und Einkommensentwicklung angepasst werden. Die erste Fortschreibung ist für den 01.01.2022 vorgesehen.

Im Laufe des Gesetzgebungsverfahrens zur neuen Wohngeldreform wurde vielfach das Fehlen einer Klimakomponente bemängelt. Sie sollte dazu dienen, Wohngeldhaushalten zu ermöglichen, Wohnungen mit höheren Energiestandards anzumieten bzw. ihre Wohnungen nach energetischen Sanierungen zu behalten.

Nun hat das Bundesinnenministerium immerhin die Einführung einer CO2-Komponente im Rahmen der CO2-Bepreisung nachgeschoben (Gesetz zur Entlastung bei den Heizkosten im Wohngeld im Kontext der CO2-Bepreisung). Damit sollen Wohngeldempfänger/innen bei den Heizkosten entlastet werden, wenn die CO2-Bepreisung durch das Klimaschutzprogramm 2030 steigt.

Aufgrund der Vielzahl von Lebensformen und persönlichen Situationen ist es in der Praxis oft schwer zu erkennen, wann die Beantragung von Wohngeld sinnvoll und erfolgreich ist. Insbesondere die Frage, wie die Abgrenzung zu den Leistungen nach dem SGB II, SGB XII oder sonstiger Transferleistungen gestaltet ist, bereitet oft Probleme und führt zu fehlerhaften Bescheiden.

Dieses Kompendium soll in der Beratung und Fallbearbeitung helfen. Dargestellt sind die Kernprobleme bei der Anspruchsprüfung, insbesondere

- Wohngeldberechtigung
- Begriff des zu berücksichtigenden Haushaltsmitglieds
- Einkommensermittlung
- Höhe der zu berücksichtigenden Miete bzw. Belastung

Eingegangen wird dabei auch auf besondere Personengruppen wie Auszubildende, Freiwillig Wehrdienstleistende, Ausländer/innen, Asylbewerber/innen, Geduldete, Bewohner/innen in besonderen Wohnformen mit persönlichem und gemeinschaftlich genutztem Wohnraum, schwerbehinderte Menschen, Alleinerziehende sowie Kinder von getrennt lebenden Eltern, die zur Betreuung das paritätische Wechselmodell gewählt haben.

Gleichzeitig haben wir versucht, ein nützliches und praxisgerechtes Arbeitsmittel zum schnellen Verstehen der wichtigsten Neuerungen zu machen. Die Änderungen im Wohngeldgesetz und in der Wohngeldverordnung sind daher mit Unterstreichungen versehen. Im Erläuterungsteil wird gesondert auf wichtige Änderungen durch die Reform hingewiesen.

Für Hinweise und Anregungen zur Verbesserung dieser Arbeitshilfe bin ich jederzeit dankbar.

Thomas Knoche

Abkürzungen

Abs.	Absatz
a. F.	alte Fassung
AFBG	Aufstiegsfortbildungsförderungsgesetz
Art.	Artikel
AsylbLG	Asylbewerberleistungsgesetz
AufenthG	Aufenthaltsgesetz
Az.	Aktenzeichen
BA	Bundesagentur für Arbeit
BAB	Berufsausbildungsbeihilfe
BAföG	Bundesausbildungsförderungsgesetz
BG	Bedarfsgemeinschaft
BGB	Bürgerliches Gesetzbuch
BKGG	Bundeskindergeldgesetz
BSG	Bundessozialgericht
BVerfG	Bundesverfassungsgericht
BVerwG	Bundesverwaltungsgericht
BVG	Bundesversorgungsgesetz
bzw.	beziehungsweise
Drs.	Drucksache
EStG	Einkommensteuergesetz
EU	Europäische Union
ff.	fortfolgend(e)
GdB	Grad der Behinderung
GG	Grundgesetz
ggf.	gegebenenfalls
GKV	Gesetzliche Krankenversicherung
GruSi	Grundsicherung im Alter und bei dauerhafter Erwerbsminderung
HärteV	Härteverordnung
HLU	Hilfe zum Lebensunterhalt
ICT	Intra-Corporate Tranifer
i. V. m.	in Verbindung mit
JC	Jobcenter
KdU	Kosten der Unterkunft
OVG	Oberverwaltungsgericht
SGB I	Sozialgesetzbuch – Erstes Buch (Allgemeiner Teil)
SGB II	Sozialgesetzbuch – Zweites Buch (Grundsicherung für Arbeitsuchende)

SGB V	Sozialgesetzbuch – Fünftes Buch (Gesetzliche Krankenversicherung)
SGB IX	Sozialgesetzbuch – Neuntes Buch (Rehabilitation und Teilhabe behinderter Menschen)
SGB X	Sozialgesetzbuch – Zehntes Buch (Sozialverwaltungsverfahren und Sozialdatenschutz)
SGB XI	Sozialgesetzbuch – Elftes Buch (Soziale Pflegeversicherung)
SGB XII	Sozialgesetzbuch – Zwölftes Buch (Sozialhilfe)
USG	Unterhaltssicherungsgesetz
VG	Verwaltungsgericht
VGH	Verwaltungsgerichtshof
vgl.	vergleiche
WoGG	Wohngeldgesetz
WoGRefG	Gesetz zur Reform des Wohngeldrechts und zur Änderung des Wohnraumförderungsgesetzes
WoGV	Wohngeldverordnung
WoGVwV	Wohngeld-Verwaltungsvorschrift
WSG	Wehrsoldgesetz
z. B.	zum Beispiel

Gesetzeszweck, Übersicht Wohngeldreform

1

Stellung des Wohngelds als Sozialleistung 12
Übersicht über die Wohngeldreform 2020 13
Übergangsregelung zum Jahreswechsel 2019/2020 16

1

Stellung des Wohngelds als Sozialleistung

Wohngeld ist eine finanzielle Zuschussleistung des Staats für einkommensschwache Bürger/innen. Mithilfe des Wohngelds soll sichergestellt werden, dass Personen mit geringem Einkommen ihre Wohnkosten decken können. Es wird als Zuschuss zur Miete (Mietzuschuss) oder als Zuschuss zur Belastung für selbst genutztes Wohneigentum geleistet (Lastenzuschuss). Erfüllt jemand die Voraussetzungen für den Erhalt von Wohngeld, hat er darauf einen Rechtsanspruch.

Die gesetzlichen Regelungen über die Gewährung von Wohngeld, das Wohngeldgesetz (WoGG) mit seiner Durchführungsverordnung (WoGV) gelten als besondere Teile des Sozialgesetzbuches (§ 68 Nr. 10 SGB I).

Gleichwohl ist Wohngeld keine Leistung des Staats, die den Lebensunterhalt sichern soll.

Vielmehr dient das Wohngeld der wirtschaftlichen Sicherung angemessenen und familiengerechten Wohnens (§ 1 Abs. 1 WoGG). Die klassische Fürsorgekomponente zur Existenzsicherung fehlt in dieser Definition.

Wichtig: Diese Abgrenzung sollte man sich stets vor Augen halten, wenn man im Bereich Wohngeld berät oder eine Fallbearbeitung vorzunehmen hat.

Aufgrund der Vielzahl von Sozialleistungen, die je nach Lebens-, Erwerbs- und/oder Familiensituation geleistet werden können, kommt es teilweise zu komplizierten Wechselwirkungen. Ausgeschlossen ist das Wohngeld, wenn bereits sogenannte Transferleistungen geleistet werden oder das Einkommen so niedrig ist, dass ein Anspruch auf diese Leistungen bestünde. Die meisten Konflikte treten auf, wenn existenzsichernde Leistungen in Anspruch genommen werden müssen – also Arbeitslosengeld II nach SGB II, Hilfe zum Lebensunterhalt oder Grundsicherung im Alter oder dauerhafter Erwerbsminderung nach SGB XII.

Somit kommt das Wohngeld nur für Menschen infrage, die ihren Lebensunterhalt ohne Inanspruchnahme von Fürsorgeleistungen decken können.

Die Höhe des Wohngelds ist gedeckelt, es gelten nach Mietenstufen und Haushaltsgröße festgelegte Höchstbeträge. Überschießende Kosten müssen die Mieter/innen bzw. Eigentümer/innen selbst bestreiten.

Bei der Prüfung, ob ein Wohngeldanspruch gegeben ist, ist die Beantwortung dieser drei Fragen entscheidend:

- Wie viele Haushaltsmitglieder sind vorhanden bzw. berücksichtigungsfähig (sog. Wohngeldhaushalt)?
- Wie hoch ist das anrechenbare Gesamteinkommen?
- Welcher Betrag der Miete ist zuschussfähig?

In den Kapiteln 2 bis 4 werden die Lösungen zu diesen Fragen dargestellt.

Übersicht über die Wohngeldreform 2020

Mit der Hartz IV-Reform zum 01.01.2005 und dem zu diesem Zeitpunkt in Kraft getretenen SGB II und SGB XII wurde ein einheitliches steuerfinanziertes Fürsorgesystem geschaffen.

Die gleichzeitige Einführung eines Kinderzuschlags sollte verhindern, dass Eltern mit geringem Einkommen, die durch ihre Erwerbstätigkeit ihren eigenen Lebensbedarf erwirtschaften können, alleine wegen der Bedarfe ihrer Kinder SGB II-Leistungen in Anspruch nehmen müssen. Durch eigenes Erwerbseinkommen, Kindergeld, Kinderzuschlag und Wohngeld sollten Familien mit geringem Erwerbseinkommen unabhängig von den Grundsicherungsleistungen werden.

2008 und 2019 wurden der Kinderzuschlag verbessert und der Berechtigtenkreis erweitert. 2009 und 2016 wurde jeweils das Wohngeld erhöht. Eine automatische Anpassungskomponente an die Miet- und Einkommensentwicklung wurde bei diesen Wohngeldreformen aber nicht eingeführt.

Gleichzeitig waren in den letzten Jahren zunehmende Engpässe auf dem Wohnungsmarkt, steigende Mieten und Heizkosten sowie der Anstieg prekärer Arbeitsverhältnisse zu verzeichnen. Dies hatte zur Folge, dass immer mehr Einkommensschwache als sogenannte Aufstocker in das SGB II-System rutschten.

Um dem gegenzusteuern, hat der Gesetzgeber eine neue Wohngeldreform vorgelegt, die seit 01.01.2020 gilt. Laut Gesetzesbegründung (Drs. 19/10816) sollen von der Wohngeldreform insgesamt rund 660.000 Haushalte profitieren, darunter rund 180.000 Haushalte, die durch die Reform neu oder wieder einen Anspruch auf Wohngeld erhalten. Das sind insbesondere:

- Die bisherigen Wohngeldhaushalte, die im Jahr 2020 auch ohne Reform Wohngeld bezogen hätten (rund 450.000 Haushalte)
- Sogenannte Hereinwachserhaushalte, deren Einkommen bislang die Grenzen für einen Wohngeldanspruch überschritten haben und die 2020 erstmals oder wieder mit Wohngeld bei den Wohnkosten entlastet werden (rund 155.000 Haushalte)
- Sogenannte Wechslerhaushalte, die zuvor Leistungen der Grundsicherung für Arbeitsuchende nach dem SGB II (rund 20.000 Haushalte) oder Leistungen der Grundsicherung im Alter und bei Erwerbsminderung bzw. der Hilfe zum Lebensunterhalt nach dem SGB XII bezogen haben (rund 5.000 Haushalte)
- Sogenannte Mischhaushalte, bei denen bisher alle Haushaltsmitglieder Leistungen der Grundsicherung (vor allem SGB II) bezogen haben (rund 30.000 Haushalte)

Schwerpunkte der Reform

- **Anpassung der Parameter der Wohngeldformel**

  Die Parameter sollen die Entwicklung von Mieten, Verbrauchspreisen und Einkommen widerspiegeln. Weiter soll die Transferentzugsrate bezüglich des Gesamteinkommens gesenkt werden. Diese bestimmt den Betrag, um den sich der Wohngeldanspruch bei steigendem Einkommen verringert. Die durchschnittliche Transferentzugsrate für bestehende Wohngeldhaushalte wird durch die Reform von rund 45 Prozent auf rund 40 Prozent gesenkt.

- **Dynamisierung**

  Das Wohngeld soll künftig dynamisiert werden, das heißt alle zwei Jahre an die eingetretene Miet- und Einkommensentwicklung angepasst werden. Eine regelmäßige Fortschreibung des Wohngelds gewährleistet, dass das systematische „Herauswachsen" aus dem Wohngeld reduziert sowie der Wechsel zu den Leistungen des SGB II und SGB XII begrenzt wird.

- **Anrechnungsfreie Beträge**

  Der bisher schon anrechnungsfreie Betrag vom Einkommen in Höhe von bis zu 4.800 Euro jährlich, der einer pflegebedürftigen Person gewährt wird, wenn sie den von ihren Angehörigen erhaltenen Unterhalt für eine Pflegeperson oder eine Pflegekraft aufwendet, wird an die Kostensteigerungen seit 2009 angepasst und auf

6.540 Euro jährlich erhöht. Der Einkommensfreibetrag für Personen mit einer Schwerbehinderung wird von 1.500 Euro auf 1.800 Euro jährlich erhöht.

- **Miethöchstbeträge**

  Zur Anpassung an die regional differenzierte Mietenentwicklung werden die Beträge, bis zu denen die Bruttokaltmiete bzw. die Belastung bei Eigentümern bei der Wohngeldberechnung berücksichtigt wird, regional gestaffelt bis zu 10,2 Prozent angehoben.

- **Einführung einer Mietenstufe VII**

  Für Gemeinden (ab 10.000 Einwohner) und Kreise (mit Gemeinden unter 10.000 Einwohnern und gemeindefreien Gebieten) mit einem Mietenniveau von 35 Prozent und höher wird eine Mietenstufe VII eingeführt. Die Höchstbeträge der Mietenstufe VII liegen 10 Prozent oberhalb der Höchstbeträge der Mietenstufe VI.

- **Neufestlegung der Mietenstufen**

  Die Mietenstufen werden bei jeder Anpassung der Höchstbeträge aufgrund einer regional unterschiedlichen Mietenentwicklung neu festgelegt, um die Miethöchstbeträge an die regional unterschiedlichen Mietenentwicklungen anzupassen.

- **Nachgereicht – die CO2–Komponente**

  Schon während des Gesetzgebungsverfahrens zum Wohngeld war von vielen Seiten bemängelt worden, dass es keine Klimakomponente enthielte. Die Klimakomponente sollte dazu dienen, Wohngeldhaushalten zu ermöglichen, Wohnungen mit höheren Energiestandards anzumieten bzw. ihre Wohnungen nach energetischen Sanierungen zu behalten. Nun soll es mit dem „Gesetzentwurf zur Entlastung bei den Heizkosten im Wohngeld" immerhin eine Regelung geben, mit der Wohngeldempfänger/innen bei den Heizkosten entlastet werden sollen, wenn die CO2-Bepreisung durch das Klimaschutzprogramm 2030 steigt.

  Das Klimaschutzprogramm 2030 sieht eine CO2-Bepreisung für die Sektoren Wärme und Verkehr ab 2021 vor. Um Wohngeldhaushalte entsprechend zu entlasten, plant der Gesetzentwurf eine nach Haushaltsgröße gestaffelte CO2-Komponente, um soziale Härten zu vermeiden. Dies soll ebenfalls ab 01.01.2021 geschehen.

  Der Gesetzentwurf wurde am 14.02.2020 erstmals im Bundesrat behandelt, es gibt auch einige Änderungsvorschläge seitens der

Ausschüsse. Geplant sind folgende Entlastungsbeiträge, dementsprechend wird § 12 Abs. 6 neu gefasst:

> **§ 12 Abs. 6 WoGG**
> Die folgenden monatlichen Beträge zur Entlastung bei den Heizkosten sind vorbehaltlich des § 11 Absatz 3 nach der Anzahl der zu berücksichtigenden Haushaltsmitglieder zu berücksichtigen:

Anzahl der zu berücksichtigenden Haushaltsmitglieder	Betrag zur Entlastung bei den Heizkosten in EUR
1	14,40
2	18,60
3	22,20
4	25,80
5	29,40
Mehrbetrag für jedes weitere zu berücksichtigende Haushaltsmitglied	3,60

Da das Klimaschutzpaket nach Einschätzung aller Experten bei weitem nicht ausreicht, um die von der Regierung im Pariser Klimaabkommen befürworteten Ziele einzuhalten, wird sich gerade in diesem Bereich in den nächsten Jahren noch so einiges tun – es sei denn, Deutschland verabschiedet sich auch offiziell aus dem Pariser Abkommen.

Übergangsregelung zum Jahreswechsel 2019/2020

Damit ab Januar 2020 so schnell wie möglich einkommensschwache Haushalte das erhöhte Wohngeld erhalten können, macht die Übergangsvorschrift in § 42b WoGG entsprechende Vorgaben. Zudem soll sichergestellt werden, dass allein die Anwendung des neuen Rechts nicht zu einem geringeren Wohngeld führt.

Sehr vereinfacht bedeuten die Übergangsregelungen Folgendes:

Wohngeld wird in der Regel für zwölf Monate bewilligt. Wird Wohngeld über das Jahr 2019 hinaus bis in das Jahr 2020 hinein bewilligt, wird Anfang 2020 überprüft, ob sich nach den neuen Regelungen ein abweichendes Wohngeld ergibt. Ist das Wohngeld ab 2020 höher, wird ab 01.01.2020 das höhere Wohngeld gezahlt. Ist es gleich hoch oder niedriger, wird für den Bewilligungszeitraum das Wohngeld bezahlt, das im Jahr 2019 bewilligt wurde. Bei dieser

Überprüfung wird das Amt von sich aus tätig, die Überprüfung muss nicht extra beantragt werden.

In vielen Fällen ist die Sache aber etwas komplizierter, beispielsweise, wenn noch für 2019 ein Antrag gestellt wurde, der aber erst 2020 entschieden wird.

Wegen der hohen Bedeutung dieser Übergangsregelungen auf die in den ersten Monaten nach Inkrafttreten der Reform anstehenden Sozialberatungen und Fallbearbeitungen finden Sie im Folgenden die Gesetzesbegründung zu § 42b WoGG abgedruckt (Drs. 19/10816). Sie erläutert den Gesetzestext und gibt Hinweise zur Anwendung.

Übergangsregelung aus Anlass des Gesetzes zur Stärkung des Wohngeldes

§ 42b WoGG

(1) $_1$Ist Wohngeld vor dem 1. Januar 2020 bewilligt worden und liegt mindestens ein Teil des Bewilligungszeitraums nach dem 31. Dezember 2019, so ist abweichend von § 41 Absatz 2 von Amts wegen über die Leistung des Wohngeldes für den Zeitraum vom 1. Januar 2020 bis zum Ende des bisherigen Bewilligungszeitraums neu zu entscheiden.

$_2$Bei der Entscheidung nach Satz 1 sind die §§ 12, 17 und 19 dieses Gesetzes sowie die Anlage zu § 1 Absatz 3 der Wohngeldverordnung in der ab dem 1. Januar 2020 geltenden Fassung anzuwenden, alle anderen Vorschriften in der bis zum 31. Dezember 2019 geltenden Fassung.

$_3$Ergibt sich bei der Entscheidung nach Satz 1 kein höheres Wohngeld, verbleibt es bis zum Ende des bisherigen Bewilligungszeitraums bei dem bereits bewilligten Wohngeld.

(2) $_1$Ist bei der Entscheidung nach Satz 1 nicht berücksichtigt worden, dass

1. sich die Anzahl der zu berücksichtigenden Haushaltsmitglieder, die zu berücksichtigende Miete oder Belastung oder das Gesamteinkommen verändert hat,
2. das Wohngeld zweckwidrig verwendet wird oder
3. die Voraussetzungen für den erhöhten anrechnungsfreien Betrag nach § 14 Absatz 2 Nummer 19 Buchstabe a oder Nummer 20 Buchstabe a oder einen anrechnungsfreien Betrag nach § 14 Absatz 2 Nummer 19 Buchstabe b vorliegen,

so ist diese Entscheidung nur rechtswidrig, wenn gleichzeitig die Voraussetzungen der §§ 27 oder 28 Absatz 2 dieses Gesetzes vorliegen; im Übrigen bleibt § 45 des Zehnten Buches Sozialgesetzbuch unberührt. $_{2}$Wird die Entscheidung nach Absatz 1 Satz 1 unter den Voraussetzungen des § 45 des Zehnten Buches Sozialgesetzbuch zurückgenommen, so wird der bisherige Bewilligungsbescheid wieder wirksam; die §§ 27 und 28 bleiben unberührt.

(3) Ist Wohngeld vor dem 1. Januar 2020 bewilligt worden und liegt mindestens ein Teil des Bewilligungszeitraums nach dem 1. Januar 2020 und ist über einen Antrag nach § 27 Absatz 1 oder in einem Verfahren nach § 27 Absatz 2 neu zu entscheiden, so ist für die Zeit bis zum 31. Dezember 2019 nach dem bis dahin geltenden Recht, ab dem 1. Januar 2020 nach neuem Recht zu entscheiden.

(4) Der Bewilligungsbescheid nach Absatz 1 Satz 1 muss auf die besonderen Entscheidungsgrundlagen der Absätze 1 und 2 hinweisen, insbesondere darauf, dass eine Entscheidung nach den §§ 27 oder 28 Absatz 2 oder die Mitteilung über die Unwirksamkeit nach § 28 Absatz 1 oder 3 dem Bewilligungsbescheid noch folgen kann und bezogen auf den Zeitpunkt der Änderung der Verhältnisse, der auch vor dem 1. Januar 2020 liegen kann, das Wohngeld wegfallen oder sich verringern kann.

(5) $_{1}$Ist bis zum 31. Dezember 2019 über einen Wohngeldantrag nach § 22 noch nicht entschieden, so ist für die Zeit bis zum 31. Dezember 2019 nach dem bis dahin geltenden Recht und für die darauf folgende Zeit nach dem neuen Recht zu entscheiden. $_{2}$Ist in den Fällen des Satzes 1 das ab dem 1. Januar 2020 zu bewilligende Wohngeld geringer als das für Dezember 2019 zu bewilligende Wohngeld, so verbleibt es auch für den Teil des Bewilligungszeitraums ab dem 1. Januar 2020 bei diesem Wohngeld.

(6) $_{1}$Ist über einen nach dem 31. Dezember 2019 gestellten Wohngeldantrag nach § 22 zu entscheiden und beginnt der Bewilligungszeitraum vor dem 1. Januar 2020, so ist Absatz 5 entsprechend anzuwenden. $_{2}$§ 24 Absatz 2 und § 27 bleiben unberührt.

Gesetzesbegründung:
Der neue § 42b enthält eine ähnliche Übergangsregelung wie § 42a WoGG bei der letzten Wohngeldreform im Jahr 2016 (vergleiche Entwurf eines Gesetzes zur Reform des Wohngeldrechts und zur Änderung des Wohnraumförderungsgesetzes, BT-Drs. 18/4897, S. 102 ff.), die sich im Verwaltungsvollzug bewährt hat. Auch bei der diesem Gesetzentwurf zugrunde liegenden Wohngeldstärkung soll sichergestellt werden, dass die Wohngeldstärkung abweichend von der allgemeinen Regelung des § 41 WoGG unmittelbar nach Inkrafttreten des WoGStärkG nach Artikel 3 (im Folgenden abgekürzt: Inkrafttreten) Wirkung entfalten kann und alle Wohngeldempfängerinnen und -empfänger die verbesserten Leistungen zeitnah erhalten können. Zudem soll sichergestellt werden, dass allein die Anwendung des neuen Rechts im bisherigen Bewilligungszeitraum nicht zu einem geringeren Wohngeld führt.

(§ 42b Absatz 1)

Wie auch § 42a für die Wohngeldanpassung 2016 regelt § 42b Absatz 1 die Voraussetzungen für den Erlass eines neuen Bescheides von Amts wegen, wenn vor dem Inkrafttreten ein Bewilligungsbescheid ergangen ist und mindestens ein Teil des Bewilligungszeitraums nach Inkrafttreten andauert. Mit der Regelung in Absatz 1 soll erreicht werden, dass auch alle derzeitigen Wohngeldempfängerinnen und -empfänger mit Wirkung ab dem Inkrafttreten von Amts wegen, das heißt ohne Antrag, grundsätzlich ein höheres Wohngeld erhalten können. Wie schon bei der letzten Wohngelderhöhung im Jahr 2016 im Zuge des Gesetzes zur Reform des Wohngeldrechts und zur Änderung des Wohnraumförderungsgesetzes vom 2. Oktober 2015 (BGBl. I S. 1610) soll ein vereinfachtes Verfahren gewählt und das Wohngeld automatisiert auf Basis der im Fachverfahren hinterlegten Daten berechnet werden. Dabei werden die für die Leistungsverbesserung wesentlichen Paragraphen angewandt. Die Anwendung des § 14 Absatz 2 Nummer 19 Buchstabe a und b-E würde dazu führen, dass der Sachverhalt im Einzelfall ohne Anlass neu ermittelt werden müsste, wodurch die verbesserten Leistungen nicht zeitnah geleistet werden könnten. Das vereinfachte Verfahren soll somit einen geordneten Verwaltungsvollzug gewährleisten. Ein Antrags- beziehungsweise Bearbeitungsstau in den Wohn-

1

geldbehörden wird vermieden. Über die Anträge von sogenannten Wechslern, die aufgrund der Leistungsverbesserung nunmehr aus dem SGB II und SGB XII ins Wohngeld als vorrangige Leistung wechseln, und über Anträge von sogenannten Hereinwachsern, für die erstmalig ein Wohngeldanspruch in Betracht kommt, kann so zügig entschieden werden.

(Satz 1)

Nach Satz 1 soll die Wohngeldbehörde in den Fällen, in denen über einen Wohngeldantrag nach § 22 WoGG zum Zeitpunkt des Inkrafttretens mittels Bescheid schon entschieden worden ist und bei denen mindestens ein Teil des Bewilligungszeitraums ab Inkrafttreten liegt, von Amts wegen über die Leistung des Wohngeldes für den Zeitraum von dem Inkrafttreten bis zum Ende des bisherigen Bewilligungszeitraums neu entscheiden. Ein Antrag der derzeitigen Wohngeldempfängerinnen und -empfänger ist nicht erforderlich.

Die Entscheidung nach Satz 1 soll in einem automatisierten Verfahren auf Basis der im Fachverfahren hinterlegten Daten erfolgen. Die für den bisherigen Bescheid maßgebenden Berechnungsgrößen nach § 4 WoGG, das heißt die zu berücksichtigende Miete oder Belastung, das zugrunde gelegte Gesamteinkommen sowie die Anzahl der zu berücksichtigenden Haushaltsmitglieder, werden der Entscheidung zugrunde gelegt. Dadurch wird gewährleistet, dass die betroffenen Wohngeldhaushalte ein höheres Wohngeld möglichst zeitnah und nicht erst nach Ablauf des bisherigen Bewilligungszeitraums erhalten. Aus diesem Grund kann die Wohngeldbehörde auch im Interesse einer bürgernahen Verwaltung zunächst eine Entscheidung nach Satz 1 für alle in Betracht kommenden Fälle treffen. Diese Entscheidung wird die überwiegende Zahl der Fälle betreffen. Verfahren nach § 27 können danach durchgeführt werden.

Wird zuerst ein Verfahren nach § 27 durchgeführt und führt dieses nicht zu einer Änderung des Wohngeldes (weil etwa keine erhebliche Änderung vorliegt), erfolgt immer eine automatisierte Entscheidung nach Satz 1. Satz 1 stellt eine abweichende Regelung zu § 41 Absatz 2 dar, wonach es für die Zeit nach dem Inkrafttreten bei dem bis zur Entscheidung geltenden, bisherigen Recht verbleiben würde. Danach wäre erst bei einem Weiterleistungsantrag nach Ablauf des in der Regel zwölfmonatigen Bewilligungszeitraums eine Wohngelderhöhung für den nächsten Bewilligungszeitraum denkbar.

(Satz 2)

Bei der Entscheidung nach Satz 1 sollen mit den §§ 12, 17 und 19 WoGG sowie der Anlage zu § 1 Absatz 3 WoGV die Vorschriften des neuen Rechts Anwendung finden, die für die Feststellung der maßgebenden Höhe des Wohngeldes unerlässlich und ohne Einzelfallprüfung durch die Wohngeldbehörde möglich sind. Die automatisierte Neuberechnung des Wohngeldes umfasst die Anhebung der Höchstbeträge für Miete und Belastung (Anlage 1-E), die Anpassung der Parameter der Wohngeldformel (Anlagen 2 und 3), eine Leistungserhöhung des Wohngeldes für Haushalte mit mehr als 12 Personen (§ 19 Absatz 3 WoGG), die neu festgelegten Mietenstufen einschließlich der neuen Mietenstufe VII (Anlage zu § 1 Absatz 3 WoGV) sowie die Anhebung des Freibetrags für Personen mit einer Schwerbehinderung (§ 17 Nummer 1 WoGG). Der erhöhte anrechnungsfreie Betrag für Aufwendungen für eine Pflegeperson oder eine Pflegekraft (§ 14 Absatz 2 Nummer 19 Buchstabe a WoGG-E) und der neue anrechnungsfreie Betrag bei regelmäßigen Geldleistungen von juristischen beziehungsweise von natürlichen Personen (§ 14 Absatz 2 Nummer 19 Buchstabe b WoGG-E) können zwar nicht automatisiert berücksichtigt werden, da die Daten hierfür nicht im Wohngeldfachverfahren hinterlegt sind. Jedoch betreffen diese anrechnungsfreien Beträge nicht grundsätzliche Parameter der Leistungsverbesserung, die wie ausgeführt, in jedem Fall angewandt werden, sondern spezifische Regelungen, die nur auf einen kleinen Teil der Wohngeldempfängerinnen und -empfänger anzuwenden sind. Zudem ist zu berücksichtigen, dass dann, wenn die anrechnungsfreien Beträge zu einem um 15 Prozent verringerten Gesamteinkommen führen würden, ein Erhöhungsantrag nach § 27 Absatz 1 Satz 1 Nummer 3 WoGG gestellt werden kann. Bei einem Weiterleistungsantrag und auch in einem Verfahren nach § 27 Absatz 2 WoGG werden anrechnungsfreie Beträge ohnehin berücksichtigt.

1

(Satz 3)

Satz 3 soll verhindern, dass die Wohngeldempfängerinnen und -empfänger allein wegen der Anwendung des neuen Rechts ein geringeres als das bereits nach bisherigem Recht – für den Zeitraum ab dem Inkrafttreten – bewilligte Wohngeld erhalten. Die Wohngeldbehörde soll für den jeweiligen Bewilligungszeitraum oder Teil-Bewilligungszeitraum ab dem Inkrafttreten das bereits nach bisherigem Recht bewilligte Wohngeld mit dem nach Satz 1 und 2 ermittelten Wohngeld vergleichen.

Die Entscheidung nach Satz 1 erfordert in jedem Fall einen schriftlichen oder elektronischen Bescheid an die Wohngeldempfängerin oder den -empfänger. Mit diesem wird entweder ein höheres Wohngeld bewilligt oder die ursprüngliche Leistung bestätigt.

(§ 42b Absatz 2)

(Satz 1)

Ergibt die Prüfung der Wohngeldbehörde nach Erlass einer Entscheidung nach Absatz 1 Satz 1, dass die Entscheidung rechtswidrig war, kann die Entscheidung unter den Voraussetzungen des § 45 des Zehnten Buches Sozialgesetzbuch (SGB X) zurückgenommen werden. Die Entscheidung ist entsprechend der Systematik des § 27 WoGG nicht schon dann rechtswidrig, weil Änderungen unterhalb der Schwelle des § 27 bei Erlass der Entscheidung vorlagen. So soll zum Beispiel allein eine Erhöhung des Gesamteinkommens um weniger als 15 Prozent (vergleiche § 27 Absatz 2 Satz 1 Nummer 3), die vor Inkrafttreten eingetreten ist, nicht dazu führen, dass die Entscheidung rechtswidrig wird. Im Übrigen bleibt § 45 SGB X unberührt. Wegen der Automatisierung gilt dies auch, wenn der erhöhte anrechnungsfreie Betrag für Aufwendungen für eine Pflegeperson oder eine Pflegekraft (§ 14 Absatz 2 Nummer 19 Buchstabe a WoGG-E) oder der neue anrechnungsfreie Betrag nach § 14 Absatz 2 Nummer 19 Buchstabe b-E bei der Entscheidung nicht berücksichtigt worden ist, aber sich dadurch das Gesamteinkommen nicht um mehr als 15 Prozent verringert hat. Auch dies entspricht der Systematik des § 27 Absatz 1 Satz 1 Nummer 3 WoGG.

(Satz 2)

(erster Halbsatz)

Ist die Entscheidung nach § 45 SGB X rechtswidrig und wird sie daher zurückgenommen, lebt der ursprüngliche Bewilligungsbescheid wieder auf. So kann eine abschließende Entscheidung nach § 27 oder § 28 WoGG getroffen werden.

(zweiter Halbsatz)

Ungeachtet dessen kann der Bewilligungsbescheid jedoch nach § 28 Absatz 1 oder 3 unwirksam werden.

Änderungen der Verhältnisse sind nach den §§ 27 und 28 Absatz 2 WoGG nach Maßgabe des § 42b Absatz 3 zu prüfen und können zu einer Neuentscheidung führen, auch wenn zunächst eine Entscheidung nach Absatz 1 Satz 1 ergangen ist. In diesem Fall erfolgt die Prüfung der Voraussetzungen des § 27 Absatz 1 oder Absatz 2 für den Zeitraum ab Inkrafttreten durch Gegenüberstellung der geänderten Verhältnisse und der im wieder aufgelebten ursprünglichen Bewilligungsbescheid zu Grunde gelegten Verhältnisse.

(§ 42b Absatz 3)

Hat die Wohngeldbehörde in den Fällen, in denen Wohngeld vor dem Inkrafttreten bewilligt wurde und bei denen mindestens ein Teil des Bewilligungszeitraums ab Inkrafttreten liegt, über einen Erhöhungsantrag nach § 27 Absatz 1 oder in einem Verfahren nach § 27 Absatz 2 neu zu entscheiden, soll eine Anwendung des alten und neuen Rechts nach allgemeinen Grundsätzen erfolgen: Für die Zeit bis zum Inkrafttreten soll nach dem bis dahin geltenden Recht entschieden werden. Für die Zeit ab dem Inkrafttreten bis zum Ende des bisherigen Bewilligungszeitraums soll nach neuem Recht entschieden werden. Aus der Anwendbarkeit der §§ 27 und 28 folgt, dass das Verschlechterungsverbot des Absatzes 1 Satz 3 in diesen Fällen keine Anwendung findet. Liegen die Voraussetzungen der §§ 27 und 28 vor, können Wohngeldempfängerinnen und -empfänger bereits nach der geltenden Rechtslage nicht mehr auf den Bestand eines Bewilligungsbescheides vertrauen. Vertrauensschutz ist im Rahmen der §§ 27 und 28 nicht von Belang. Nichts anderes kann gelten, wenn die Wohngeldleistungen durch das WoGStärkG verbessert werden. Eine Neuentscheidung von Amts wegen nach § 27 oder eine Entscheidung nach § 28 Absatz 2 ist selbst dann möglich, wenn ihre Voraussetzungen der Wohngeldbehörde im Zeitpunkt einer automatisierten Entscheidung nach Absatz 1 Satz 1 bekannt waren. Dies gilt erst recht dann, wenn diese Änderungen der Wohngeldbehörde danach bekannt werden.

(§ 42b Absatz 4)

Um einen Tatbestand auszuschließen, der insbesondere im Fall des § 45 SGB X eine Berufung auf Vertrauensschutz rechtfertigen könnte, ist in dem im automatisierten Verfahren ergangenen Bescheid nach Absatz 1 Satz 1 in geeigneter Form darauf hinzuweisen, dass dieser im automatisierten Verfahren auf der Grundlage der Absätze 1 und 2 ergangen ist. Es ist ferner darauf hinzuweisen, dass Änderungen nach den §§ 27 oder 28 Absatz 2 ab dem Zeitpunkt der Änderung der Verhältnisse, der auch vor dem Inkrafttreten liegen kann, zu einem geringeren Wohngeld oder zum Wegfall des Wohngeldes führen können und die Entscheidung nach Absatz 1 Satz 1 nach § 28 Absatz 1 oder 3 WoGG unwirksam werden kann.

(§ 42b Absatz 5 und 6)

Die Absätze 5 und 6-E regeln die Anwendung von altem und neuem Recht für bei Inkrafttreten der Reform noch nicht entschiedene Wohngeldanträge nach § 22.

(§ 42b Absatz 5)

(Satz 1)

Satz 1 entspricht dem Rechtsgedanken des § 41 Absatz 1. In den Fällen eines vor Inkrafttreten eingegangenen Wohngeldantrages, in denen vor dem Inkrafttreten noch nicht entschieden worden ist, soll nach Inkrafttreten für die Zeit bis zum Inkrafttreten nach dem bis dahin geltenden Recht, für die Zeit ab dem Inkrafttreten nach neuem Recht entschieden werden.

(Satz 2)

Ergänzend soll verhindert werden, dass allein deshalb, weil noch nicht über den Wohngeldantrag entschieden worden ist, die Anwendung des neuen Rechts zu einem geringeren Wohngeld führt. Daher verbleibt es im Fall einer möglichen Verringerung des Wohngeldes ab Inkrafttreten – abweichend von §41 Absatz 1 – auch für den restlichen Teil des Bewilligungszeitraums bei dem Wohngeld wie für den Monat vor Inkrafttreten.

(§42b Absatz 6)

(Satz 1)

Der Grundsatz des Absatzes 5 soll auch in Fällen gelten, in denen Wohngeldanträge gemäß §22 nach Inkrafttreten der Reform gestellt wurden, der maßgebende Bewilligungszeitraum jedoch vor Inkrafttreten der Reform beginnt. Dies ist in den Fällen des §25 Absatz 3 bis 5 möglich. Auch hier gilt es, bisheriges und neues Recht anzuwenden und eine Schlechterstellung auszuschließen.

(Satz 2)

Satz 2 stellt klar, dass §24 Absatz 2 und §27 anwendbar bleiben.

Der Verweis auf §24 Absatz 2 soll klarstellen, dass auch – gegebenenfalls nur zu erwartende – erhebliche Änderungen der Verhältnisse zwischen Antragstellung und Entscheidung zu berücksichtigen sind (vergleiche §24 Absatz 2 Satz 2 zweiter Halbsatz und Satz 3). Das Verschlechterungsverbot des Absatzes 5 Satz 2 greift nicht mehr ab Änderung der Verhältnisse. Liegen etwa die Voraussetzungen des §24 Absatz 2 in Verbindung mit §27 Absatz 2 vor, sind Änderungen bereits nach der geltenden Rechtslage bei einer Entscheidung zu berücksichtigen. Nichts Anderes kann gelten, wenn die Wohngeldleistungen durch das WoGStärkG verbessert werden. Die verbesserten Wohngeldleistungen werden jedoch auch bei Änderungen der Verhältnisse dadurch berücksichtigt, dass ab Inkrafttreten nach neuem Recht zu entscheiden ist (vergleiche Absatz 5 Satz 1).

Entlastung bei den Heizkosten ab 2021

Auch das Gesetz zur Entlastung bei den Heizkosten im Wohngeld im Kontext der CO2-Bepreisung, das zum 01.01.2021 in Kraft treten soll, erfordert eine Übergangsregelung (im neuen §42c) für den Jahreswechsel 2020/2021. Dieses Gesetz, der Einstieg in eine Klimakomponente, ist allerdings bei Drucklegung dieses Buches noch nicht rechtswirksam. Wenn sich hier Änderungen ergeben, werden sie in der nächsten Auflage dieses Buches berücksichtigt werden.

Anspruchsberechtigte

Wohngeldberechtigte ... 28
Haushaltsmitglieder ... 36
Ausschluss von Transferleistungsempfängern ... 40
Rückausnahme vom Ausschluss von Transferleistungsempfängern 50
Ausschluss wegen Sanktionen ... 58
Kein Anspruch wegen Studium oder Ausbildung ... 59
Freiwillig Wehrdienst Leistende ... 61

2

Wohngeldberechtigte

Berechtigte für einen Mietzuschuss

Mietzuschuss nach § 3 Abs. 1 WoGG können beantragen

- Mieter/innen oder Untermieter/innen einer Wohnung oder eines Zimmers,
- Inhaber/innen einer Genossenschafts- oder einer Stiftswohnung,
- Bewohner/innen eines Heims, sofern sie nicht nur vorübergehend aufgenommen sind,
- mietähnliche Nutzungsberechtigte, insbesondere Inhaber eines mietähnlichen Dauerwohnrechts,
- Eigentümer/innen eines Mehrfamilienhauses (drei oder mehr Wohnungen), eines Geschäftshauses oder eines Gewerbebetriebs, wenn sie in diesem Haus wohnen, Eigentümer/innen eines Ein- oder Zweifamilienhauses, in dem sie wohnen, das jedoch auch Geschäftsräume in einem solchen Umfang enthält, dass es nicht mehr als ein Eigenheim angesehen werden kann.

Über den Wohnraum muss ein vertragliches Verhältnis vorliegen, das der Wohngeldbehörde auch nachzuweisen ist (z. B. durch eine Vermieterbescheinigung). Wohngeldberechtigte/r ist, wer diesen Vertrag unterschrieben hat.

Wichtig: Aufgrund des Bundesmeldegesetzes ist der/die Vermieter/in verpflichtet, der Meldebehörde eine Vermieterbescheinigung beizubringen. Im Rahmen des Datenabgleichs kann nun sehr profund abgeprüft werden, welche Personen in einer Wohnung als Mieter/innen gemeldet sind.

Berechtigte für einen Lastenzuschuss

Lastenzuschuss nach § 3 Abs. 2 WoGG gibt es bei Vorliegen der Voraussetzungen für Eigentümer/innen oder Inhaber/innen

- eines Eigenheims oder einer Eigentumswohnung,
- einer Kleinsiedlung,
- einer landwirtschaftlichen Nebenerwerbsstelle,

- einer landwirtschaftlichen Vollerwerbsstelle, falls Wohn- und Wirtschaftsteil voneinander getrennt sind und für den Wohnteil eine Wohngeldlastenberechnung aufgestellt werden kann,
- eines eigentumsähnlichen Dauerwohnrechts.

Auch Erbbauberechtigte und diejenigen, die Anspruch auf Übereignung des Gebäudes oder der Wohnung bzw. auf Übertragung oder Einräumung des Erbbaurechts haben, sind anspruchsberechtigt.

Dies gilt auch für Personen, die Anspruch auf Übertragung oder Übereignung des oben aufgeführten Eigentums bzw. der Rechte haben.

Voraussetzung für den Lastenzuschuss ist, dass der/die Wohnrauminhaber/in den Wohnraum selbst bewohnt und die Belastung dafür aufbringt.

Eigentümer/in ist auch der/die Miteigentümer/in. Wohnen Miteigentümer/innen in demselben Wohngebäude in verschiedenen Wohnungen, ist jede/r Miteigentümer/in für den von ihm/ihr genutzten Wohnraum wohngeldberechtigt. Entsprechendes gilt, wenn mehrere Erbbauberechtigte, Wohnungserbbauberechtigte oder Personen, die einen Anspruch auf Einräumung oder Übertragung des Erbbaurechts oder des Wohnungserbbaurechts haben, in demselben Gebäude wohnen (siehe auch WoGVwV 2017 zu § 3, 3.25).

Wohnraum

Wohnraum sind Räume, die zum Wohnen bestimmt und hierfür nach ihrer baulichen Anlage und Ausstattung tatsächlich geeignet sind (§ 2 WoGG). Maßgeblich sind die Zweckbestimmung zum Wohnen durch die Verfügungsberechtigten und die tatsächliche Eignung zum Wohnen.

Dies kann auch bei Räumen der Fall sein, die nur dem vorübergehenden Wohnen dienen. Auch Wohnheime, Frauenhäuser, Übergangsheime und ähnliche Einrichtungen kommen laut Verwaltungsvorschrift zum Wohngeldgesetz (WoGVwV 2016 zu § 2) infrage, wenn die Räumlichkeiten

- für eine gewisse Dauer zum Wohnen bestimmt und überlassen worden sind (mindestens ein Monat),
- nach ihrer baulichen Anlage und Ausstattung tatsächlich zum Wohnen geeignet sind,

- ein eigenes häusliches Wirtschaften, insbesondere eine eigene Essenszubereitung, ermöglichen.

Die Möglichkeit der Essenszubereitung sowie die Nutzung sanitärer Einrichtungen kann dabei auch in Räumen erfolgen, die von anderen Personen, die keine Haushaltsmitglieder sind, genutzt werden. Es muss diesbezüglich keine Abgeschlossenheit zum Wohnraum vorliegen.

Ausgeschlossen sind aber Notunterkünfte aller Art, wie Schlafstellen, Sammellager, Schulen, Turnhallen, Wohnwagen und Zelte (WoGVwV 2016 zu § 2).

Wohngeld bzw. eine Wohngeldberechtigung kommt nur infrage, wenn dieser Wohnraum auch wirklich genutzt wird. Unerheblich ist, ob innerhalb der Wohnung einzelne Räume leer stehen oder zu anderen als Wohnzwecken genutzt werden (z. B. als Büroraum). Dies kann sich bei der Wohngeldberechnung allerdings auf die Höhe des Wohngelds auswirken, da diese Räume aus der Berechnung herausgenommen werden.

Kann der Wohnraum vorübergehend nicht genutzt werden, hat dies keine Auswirkungen auf die Wohngeldberechtigung, sofern der gewöhnliche Aufenthalt weiter in dieser Wohnung anzusiedeln ist, das heißt die Wohnung der Lebensmittelpunkt ist (§ 30 SGB I). Anwendungsfälle sind hier beispielsweise der Aufenthalt wegen Untersuchungshaft, ein längerer Krankenhausaufenthalt, eine zeitlich beschränkte Reha-Maßnahme, eine zeitweilige Unterbringung in einem psychiatrischen Krankenhaus, Tag- oder Nachtpflege in einer stationären Einrichtung, Kurzzeitpflege oder auch eine längere arbeitsbedingte Abwesenheit (z. B. Montagetätigkeit). Dazu zählt auch der Aufenthalt in einer Justizvollzugsanstalt bis zu einer Dauer von zwölf Monaten. Bei längerer Haft muss im Einzelfall (persönliche und familiäre Bindung, Hafturlaube) überprüft werden, ob die Wohnung noch der Lebensmittelpunkt ist.

Heimplatz

Wie in § 3 Abs. 1 Nr. 3 WoGG aufgeführt, sind auch „Personen, die in einem Heim in Sinne des Heimgesetzes oder entsprechender Gesetze der Länder nicht nur vorübergehend aufgenommen sind" wohngeldberechtigt.

Gemeint sind damit Einrichtungen, die dem Zweck dienen, ältere Menschen oder Pflegebedürftige oder Volljährige mit Behinderung dauerhaft aufzunehmen, ihnen Wohnraum zu überlassen sowie Betreuung und Verpflegung zur Verfügung zu stellen oder vorzuhalten, und die in ihrem Bestand von Wechsel und Zahl der Bewohner/innen unabhängig sind und entgeltlich betrieben werden (WoGVwV 2017 zu § 3, 3.15).

Ausschlaggebend dabei ist, dass die Bewohner/innen vertraglich verpflichtet sind, Verpflegung und weitergehende Betreuungsleistungen von bestimmten Anbietern anzunehmen. Nicht ausreichend ist das reine Angebot, dass Verpflegungs- und Betreuungsleistungen in Anspruch genommen werden können. Dies gilt auch dann, wenn die Mieter/innen vertraglich verpflichtet sind, allgemeine Betreuungsleistungen wie Notrufdienste oder Vermittlung von Dienst- und Pflegeleistungen von bestimmten Anbietern anzunehmen und das Entgelt hierfür im Verhältnis zur Miete von untergeordneter Bedeutung ist.

Hier zeigt sich, dass die Neuerungen des Bundesteilhabegesetzes noch nicht so recht in den Wohngeld-Vorschriften angekommen sind. Zumindest für das Klientel der Menschen mit Behinderung, die bis 31.12.2019 in einer stationären Einrichtung, also einem „Heim" gelebt haben, bedeutet die Neuregelung der Eingliederungshilfe vor allem, dass durch die Trennung der Leistungen der Eingliederungshilfe von den Leistungen zum Lebensunterhalt kein Unterschied mehr zwischen ambulanten, teilstationären und stationärem Wohnen gemacht wird. Die bisherigen Heime werden als besondere Wohnform definiert, in der Räumlichkeiten zur privaten Nutzung und gleichzeitig Räumlichkeiten zur gemeinschaftlichen Nutzung gemietet werden können. Wenn es in diesem Buch um ehemalige stationäre Einrichtungen der Eingliederungshilfe, also Heime geht, werden wir den Begriff „besondere Wohnform" benutzen.

Dessen ungeachtet kann ein/e Bewohner/in in einer besonderen Wohnform einen Anspruch auf Wohngeld haben, wenn er/sie beispielsweise durch die Höhe der Rente keinen Anspruch auf Grundsicherung hat.

Insbesondere auch im Hinblick auf die in den vergangenen Jahren entstandenen alternativen Wohnformen, wie etwa den ambulant betreuten Wohngruppen, den in mit dem Pflegeneuausrichtungsgesetz und den Pflegestärkungsgesetzen stark geförderten „Pflege-WGs" sowie den in den einzelnen „Länderheimgesetzen" unterschiedlich ausgeprägten Wohnformen wird es zunehmend schwieriger, hier die richtige Abgrenzung zu finden. Der/Die Bewohner/in einer solchen Betreuungsform steht aber im Zweifelsfall nicht schutzlos da. In der Regel ist aufgrund des vorliegenden Vertrags davon auszugehen, dass es sich wohngeldrechtlich um ein Mietverhältnis oder ein diesem ähnliches Nutzungsverhältnis handelt, sodass aus diesem Grund eine Wohngeldberechtigung vorliegt.

Als Beispiel sei hier die Entscheidung des Verwaltungsgerichts Würzburg (VG Würzburg, Urteil vom 14.06.2012, Az. W 3 K 11.582) aufgeführt: In diesem Fall erstritt sich ein Bewohner einer betreuten Wohngruppe einer sozialtherapeutischen Lebensgemeinschaft für psychisch (seelisch) kranke Menschen seinen Wohngeldanspruch. Zwar lag kein „Heim" nach den Grundsätzen des bayerischen PfleWoqG vor. Das Gericht sah aber ein dem Mietverhältnis ähnliches Nutzungsverhältnis nach § 3 Abs. 1 Satz 2 Nr. 1 WoGG als gegeben an und nahm bei der Begriffserklärung Rückgriff auf die Rechtsprechung des Bundesverwaltungsgerichts (BVerwG, Urteil vom 14.08.1992, Az. 8 C 39/91). Danach ist Voraussetzung für das Vorliegen eines dem Mietverhältnis ähnlichen Nutzungsverhältnisses:

- Die Bemessung des vom Benutzer verlangten Entgelts muss sich zumindest in ihren Grundzügen mit einer Miete vergleichen lassen und
- der Benutzer muss zu einer abgesonderten und selbständigen Nutzung der überlassenen Räume berechtigt sein und zu diesem Zweck Besitz an ihnen haben.

Wohngeldanspruch von Ausländer/innen

Ausländische Personen haben einen Wohngeldanspruch, wenn sie sich nach Maßgabe der Aufzählung in § 3 Abs. 5 Satz 1 WoGG berechtigt bzw. geduldet im Bundesgebiet aufhalten.

Eine bestimmte Dauer des Aufenthalts ist im Wohngeldgesetz nicht näher geregelt, da auch schon für einen verhältnismäßig kurzen Aufenthalt Wohnraum benötigt wird. Allerdings wird bei sehr kurzen Aufenthalten in der Bundesrepublik Deutschland von bis zu drei Monaten (z. B. Kurzzeitvisum) in aller Regel der Mittelpunkt der Lebensbeziehungen der ausländischen Person nicht innerhalb des Bundesgebiets – und somit nicht im Wohnraum – liegen.

Zum 01.03.2020 wird durch das Fachkräfteeinwanderungsgesetz verdeutlicht, dass Einwanderung nur von Fachkräften gewünscht ist, die einigermaßen über Geld verfügen. Nach der neuen Bestimmung in § 3 Abs. 5 Satz 3 WoGG sollen Ausländer/innen, die sich nur temporär im Bundesgebiet aufhalten dürfen, grundsätzlich kein Recht auf den Bezug von Wohngeld haben. Dies betrifft Inhaber eines Aufenthaltstitels nach den §§ 16e, 17 Abs. 1, 19e und 20 AufenthG (Aufenthaltsgesetz).

Ausländer/innen, die sich im Rahmen der kurzfristigen Mobilität für unternehmensintern transferierte Arbeitnehmer (§ 19a AufenthG) oder der kurzfristigen Mobilität für Forscher (§ 18e AufenthG) in Deutschland aufhalten, sind nicht wohngeldberechtigt, da sie keinen Aufenthaltstitel erhalten. Darüber hinaus sind Ausländer nicht wohngeldberechtigt, die sich aufgrund einer außergewöhnlichen Einzelfallkonstellation erlaubt in Deutschland aufhalten, deren Aufenthaltstitel aber mit dem arbeitsrechtlichen Hinweis „Erwerbstätigkeit nicht gestattet" versehen ist (z. B. § 7 Abs. 1 Satz 3 oder § 36 Abs. 2 AufenthG). Lediglich in außergewöhnlichen Notsituationen soll vom Regelausschluss eine Ausnahme möglich sein.

Unionsbürger

Ausländische Personen, die einem EU-Mitgliedstaat angehören, haben nach dem Freizügigkeitsgesetz/EU ein Aufenthaltsrecht. Hält sich dieser Personenkreis in Deutschland auf, besteht eine Wohngeldberechtigung.

Drittstaatenangehörige

Bei Nicht-EU-Ausländer/innen muss ein gültiger Aufenthaltstitel nach dem Aufenthaltsgesetz vorliegen.

Aufenthaltstitel nach § 4 AufenthG sind:

- Aufenthaltserlaubnis
- Blaue Karte EU, ICT-Karte oder Mobile ICT-Karte
- Erlaubnis zum Daueraufenthalt – EU
- Niederlassungserlaubnis
- Visum

Achtung: Strittig ist, ob der Ausländer/die Ausländerin bei Bezug von Wohngeld die allgemeinen Erteilungsvoraussetzungen für den Aufenthaltstitel noch erfüllt.

Nach § 5 Abs. 1 Nr. 1 AufenthG setzt die Erteilung eines Aufenthaltstitels in der Regel voraus, dass der Lebensunterhalt des Ausländers/der Ausländerin gesichert ist. Dies ist nach § 2 Abs. 3 AufenthG nur der Fall, wenn der Ausländer/die Ausländerin seinen/ihren Lebensunterhalt einschließlich ausreichenden Krankenversicherungsschutzes ohne Inanspruchnahme öffentlicher Mittel bestreiten kann. Außer Betracht bleiben dabei das Kindergeld, der Kinderzuschlag, das Elterngeld sowie sonstige öffentliche Mittel, die auf Beitragsleistungen beruhen oder die gewährt werden, um den Aufenthalt im Bundesgebiet zu ermöglichen. In diesen Ausnahmekatalog fällt das Wohngeld nicht. In der Verwaltungsvorschrift zum Aufenthaltsgesetz (Nr. 2.3.1.3) heißt es deshalb auch: „Eine Sicherung des Lebensunterhalts liegt auch dann nicht vor, wenn Wohngeld tatsächlich bezogen wird."

Einige Gerichte sehen dies allerdings zwischenzeitlich anders. Das OVG Lüneburg argumentiert in seinem Beschluss vom 20.03.2012 (Az. 8 LC 277/10) beispielsweise, dass die Inanspruchnahme öffentlicher Mittel der Annahme einer Sicherung des Lebensunterhalts nur dann entgegensteht, wenn die in Anspruch genommenen öffentlichen Mittel auch zur Sicherung des Lebensunterhalts notwendig sind. Dies kann beispielsweise dann der Fall sein, wenn sich Personen mit geringem Einkommen gegen den Bezug von Leistungen nach dem SGB II entscheiden, und stattdessen Leistungen nach dem Wohngeldgesetz beziehen. Kann der reine Wohngeldbezug bei einkommensschwachen Ausländer/innen den Bedarf der Haushaltsgemeinschaft decken, betrifft dies nicht die Sicherung des Lebensunterhalts, sondern dem Zweck des Wohngelds gemäß die wirtschaftliche Sicherung angemessenen und familiengerechten Wohnens.

Bestätigt wird diese Argumentation durch die Entscheidung des Bundesverwaltungsgerichts vom 29.11.2012 (Az. 10 C 4.12): Etwaige Ansprüche auf Bewilligung von Wohngeld müssen bei der Berechnung der Sicherung des Lebensunterhalts eines Ausländers grundsätzlich außen vor bleiben – jedenfalls dann, wenn Wohngeld über den SGB II-Anspruch hinaus gewährt wird. Der Bezug von Wohngeld schadet also nicht, wenn der Bedarf aus eigenem Einkommen, Vermögen oder aufenthaltsrechtlich unschädlichen öffentlichen Leistungen bereits gedeckt ist.

Dennoch: Da die Weitergewährung des Aufenthaltstitels in den Ermessensraum der Ausländerbehörde fällt, sollte vor Stellung eines

Wohngeldantrags mit dieser gesprochen und mögliche Konsequenzen abgeklärt werden.

Geduldete, Asylbewerber/innen

Ein Anspruch auf Wohngeld besteht grundsätzlich auch für geduldete Ausländer/innen. Dabei hängt dies maßgeblich davon ab, dass der Antragsteller rechtlich und tatsächlich in der Lage ist, „auf längere Dauer einen Wohnsitz im Mittelpunkt der Lebensbeziehung zu begründen und dabei einen selbstständigen Haushalt zu führen".

Geduldete sind also dann wohngeldberechtigt, wenn sie belegen können, dass ihr Aufenthalt in absehbarer Zeit nicht beendet werden kann, weil zum Beispiel ein langfristiges Abschiebungshindernis vorliegt. Der Aufenthalt in Deutschland muss also zumindest „zukunftsoffen" sein (OVG Hamburg, Beschluss vom 26.04.2006, Az. 4 Bs 66/06). Dies bestätigte der VGH Baden-Württemberg in seiner Entscheidung vom 17.07.2013 (Az. 3 S 1514/12): Ausländer/innen, deren Abschiebung aus familiären Gründen dauerhaft unmöglich sei, gehörten typischerweise zum förderungswürdigen Personenkreis.

Auch Asylbewerber/innen sind wohngeldberechtigt – sofern sie nicht in Erstaufnahmeeinrichtungen oder Gemeinschaftsunterkünften leben bzw. aufgrund der in den ausländerrechtlichen Vorschriften geregelten Residenzpflicht dort leben müssen und solange sie noch Leistungen nach dem Asylbewerberleistungsgesetz erhalten.

Nach einer Aufenthaltsdauer von 18 Monaten in Deutschland besteht ein grundsätzlicher Anspruch auf Leistungen, die sich am gesamten Umfang des SGB XII orientieren (sog. Analogleistungen). Ab diesem Zeitpunkt ist Wohngeld regelmäßig ausgeschlossen, da die SGB XII-Leistungen Unterkunftskosten meist miteinschließen.

Mehrere Wohngeldberechtigte

Kommen für die Berechtigung von Miet- oder Lastenzuschuss mehrere Haushaltsmitglieder in Betracht (z. B. Ehepaar hat im Mietvertrag jeweils als Mieter unterschrieben), ist grundsätzlich nur eine Person wohngeldberechtigt. Wer wohngeldberechtigt ist und Wohngeld beantragt, bestimmen die Haushaltsmitglieder untereinander.

Antragsberechtigt ist auch jemand, der vom Wohngeld ausgeschlossen ist (z. B. wegen Bezugs von Transferleistungen nach § 7 WoGG), wenn er mit mindestens einem der infrage kommenden Haushaltsmitglieder eine Wohnung gemeinsam bewohnt (§ 3 Abs. 4 WoGG).

Diese wohngeldberechtigte Person kann dann für die Haushaltsgemeinschaft einen Wohngeldantrag nach § 22 WoGG stellen.

Wichtig: Die Bestimmung der wohngeldberechtigten Person gilt für das gesamte Antragsverfahren und für Erhöhungsanträge während eines Bewilligungszeitraums. Der Wechsel der wohngeldberechtigten Person ist grundsätzlich nicht zulässig; eine Ausnahme gilt nur bei Auszug oder Tod des Wohngeldberechtigten (§ 22 Abs. 3 WoGG).

Haushaltsmitglieder

Berücksichtigung aller Mitglieder

Bei der Berechnung des Wohngelds sind grundsätzlich sämtliche Haushaltsmitglieder zu berücksichtigen. Eine Ausnahme gilt nur, wenn diese aufgrund von §§ 7, 8 WoGG vom Wohngeld ausgeschlossen sind, weil andere Sozialleistungen vorrangig sind oder weil das Haushaltsmitglied verstirbt (§ 6 Abs. 2 WoGG).

Von daher ist es wichtig, zu klassifizieren, wer als Haushaltsmitglied gilt:

Haushaltsmitglied nach § 5 Abs. 1 WoGG ist zunächst die wohngeldberechtigte Person selbst. Haushaltsmitglieder sind auch alle Personen, die mit der wohngeldberechtigten Person den Wohnraum gemeinsam bewohnen, wenn dieser der jeweilige Mittelpunkt der Lebensbeziehung ist.

Familienmitglieder, verwandtschaftliches Verhältnis

Dies gilt natürlich für Familienmitglieder bzw. bei Vorliegen eines verwandtschaftlichen Verhältnisses:

- der Ehegatte/die Ehegattin bzw. der Lebenspartner/die Lebenspartnerin (eingetragene Lebenspartnerschaft)
- Verwandte in gerader Linie: Großeltern, Eltern und Kinder (auch Adoptiv- und Stiefkinder)
- Verwandte zweiten und dritten Grades in der Seitenlinie: z. B. Geschwister, Onkel, Tanten, Nichten, Neffen

- Verschwägerte in gerader Linie sowie Verschwägerte zweiten und dritten Grades in der Seitenlinie: Schwager/Schwägerin, Schwiegereltern
- Pflegekinder ohne Rücksicht auf ihr Alter und Pflegeeltern

Verantwortungs- und Einstehensgemeinschaft

Dies gilt auch für eheähnliche Lebensgemeinschaften, sofern eine Verantwortungs- und Einstehensgemeinschaft vorliegt (§ 5 Abs. 1 Nr. 3 WoGG). Nach den Verwaltungsvorschriften zum Wohngeldgesetz (5.21) ist eine Verantwortungs- und Einstehensgemeinschaft

> „eine auf Dauer angelegte Lebensgemeinschaft, die daneben keine weiteren Lebensgemeinschaften gleicher Art zulässt. Sie zeichnet sich durch eine innere Bindung aus, die ein gegenseitiges Einstehen füreinander begründet und damit über eine reine Wohn- und Wirtschaftsgemeinschaft hinausgeht. Die Verantwortungs- und Einstehensgemeinschaft muss nach verständiger Würdigung einer Ehe oder Lebenspartnerschaft ähnlich sein."

Die Verwaltungsvorschrift nimmt weiter Bezug auf den Gesetzeswortlaut von § 7 Abs. 3a SGB II, in dem die Voraussetzungen einer Verantwortungs- und Einstehensgemeinschaft definiert sind. Danach wird ein „wechselseitiger Wille, Verantwortung füreinander zu tragen und füreinander einzustehen", vermutet, wenn die Partner/innen entweder

- länger als ein Jahr zusammenleben, oder
- mit einem gemeinsamen Kind zusammenleben, oder
- Kinder oder Angehörige im Haushalt versorgen, oder
- befugt sind, über Einkommen oder Vermögen des anderen zu verfügen.

Liegt mindestens eines dieser Kriterien vor, wird davon ausgegangen, dass eine Verantwortungs- und Einstehensgemeinschaft vorliegt. Die Beweislast für das Nichtbestehen einer solchen Gemeinschaft liegt bei den Personen, welche die Wohnung gemeinsam bewohnen. Die bloße Behauptung, dass eine solche Gemeinschaft nicht besteht, ist nicht ausreichend.

Seit der Wohngeldreform 2016 werden die bisherigen Begriffe „Wohngemeinschaft" und „Wirtschaftsgemeinschaft" aufgelöst bzw. dem Wortlaut des § 5 WoGG entnommen (Streichung der bisherigen Absätze 3 und 4). Aufgrund der oben dargestellten Einstehens- und Verantwortungsgemeinschaft und dem Verweis auf die Definition in § 7 Abs. 3 SGB II wurden diese Merkmale obsolet.

Liegt eine klassische Wohngemeinschaft (WG) – jede/r Bewohner/in wirtschaftet eigenständig (getrennte Kassen, eigene Versorgung) – muss dies jedenfalls dann nachgewiesen werden, wenn die Wohngemeinschaft schon länger als ein Jahr besteht. Jede/r Anspruchsberechtigte kann unabhängig von den anderen Bewohner/innen für den von ihm/ihr genutzten Teil der Wohnung Wohngeld beantragen. Diese Teile müssen klar abgrenzbare eigenständige Wohnbereiche sein. Für gemeinsam genutzte funktionale Teile der Wohnung (z. B. Küche, Bad, Flur, Toilette, Abstellraum) können anteilige Kosten geltend gemacht werden.

Lebensmittelpunkt

Damit eine Person, die mehrere Wohnungen bewohnt, eindeutig einer Wohnung zugeordnet werden und grundsätzlich nicht für zwei Wohnungen Wohngeld erhalten kann, wird für die Bewilligung von Wohngeld der Wohnraum als maßgeblich angesehen, der den Mittelpunkt der Lebensbeziehungen bildet. Jede Person kann nur einen Lebensmittelpunkt haben. Nur in der Wohnung dieses Mittelpunkts soll sie Haushaltsmitglied im Sinne des Wohngeldrechts sein. Damit sind Zweitwohnungen, insbesondere wegen Arbeitstätigkeit (doppelte Haushaltsführung) ausgeschlossen. Zur Ausnahme wegen gemeinsamer Kinderbetreuung von getrennt lebenden Eltern siehe gleich.

Vorübergehende Abwesenheit in der Wohnung ist unschädlich. Dies gilt insbesondere, wenn andere im Haushalt lebende Familienangehörige das außerhalb lebende Mitglied unterstützen. Typische Fälle sind etwa Ausbildungs- oder Studienzeiten, bei denen sich das Haushaltsmitglied unter der Woche an einem anderen Ort befindet. Dies gilt auch bei vorübergehender Abwesenheit wegen Krankheit oder Pflegebedürftigkeit.

Verstirbt ein Familienmitglied, wird für die Dauer von 24 Monaten nach dem Sterbemonat die alte Haushaltsgröße zugrunde gelegt, wenn die Wohnung in diesem Zeitraum weiter bewohnt wird. Wird allerdings die Wohnung vor Ablauf der 24 Monate aufgegeben, gilt die alte Haushaltsgröße nur bis zum Zeitpunkt des Wohnungswechsels.

2

Kinder getrennt lebender Eltern

Immer mehr Eltern entschließen sich nach einer Trennung zu einer anteilig gleichwertigen Betreuung ihrer Kinder, dem sogenannten paritätischen Wechselmodell. Die Kinder haben damit – als Ausnahmefall zum oben dargestellten Grundsatz – zwei Lebensmittelpunkte und pendeln nach einem festgelegten Rhythmus zwischen den Haushalten der Eltern. Wenn getrennte Eltern, die ein Wechselmodell praktizieren, die allgemeinen Anspruchsvoraussetzungen für Wohngeld erfüllen, zählt das Kind bei beiden Elternteilen als zu berücksichtigendes Haushaltsmitglied. Das Kind muss dazu von den beiden Eltern in annähernd gleichem Umfang betreut werden, mindestens in einem Verhältnis von einem Drittel zu zwei Dritteln (§ 5 Abs. 4 WoGG).

Es ist nicht erforderlich, dass nicht nur vorübergehend getrennt lebende Eltern für die Kinderbetreuung zusätzlichen Wohnraum bereithalten, damit jedes in dem beschriebenen Verhältnis betreute Kind bei beiden Elternteilen Haushaltsmitglied ist.

Auch ein gemeinsames Sorgerecht ist nicht erforderlich. Entscheidend für die Berücksichtigung als Haushaltsmitglied ist der tatsächlich aufgewendete Betreuungsumfang, der mindestens in einem Verhältnis von einem Drittel zu zwei Dritteln liegen muss.

Die Eltern müssen das Wechselmodell und den Umfang der Betreuung für jedes Kind glaubhaft machen. Eine gerichtliche Regelung bzw. eine schriftliche Vereinbarung der Eltern oder sonstige Unterlagen sind dabei hilfreich (WoGVwV 2017 zu § 5, 5.41).

Wichtig: Nicht ausschlaggebend ist, unter welchem Hauptwohnsitz das Kind gemeldet ist, da dies die wohngeldrechtliche Regelung unterlaufen würde. Das Bundesverwaltungsgericht hat in seiner Entscheidung vom 30.09.2015 (Az. 6 C 38.14) klargestellt, dass die Eintragung mehrerer Hauptwohnungen minderjähriger Kinder bei Ausübung des Sorgerechts durch die getrennt lebenden Eltern unzulässig ist. Auch wenn die getrennt lebenden Eltern eines minderjährigen Kindes das Sorgerecht im paritätischen Wechselmodell ausüben, ist im melderechtlichen Sinne die Wohnung nur eines der Elternteile die Hauptwohnung des Kindes. Nach den einschlägigen Bestimmungen des Melderechts ist die gleichzeitige Eintragung mehrerer Hauptwohnungen in das Melderegister ebenso unzulässig wie die Eintragung mehrerer Wohnungen, ohne dass deren Status als Haupt- oder Nebenwohnung bestimmt ist.

Grundsätzlich ist Hauptwohnung die überwiegend benutzte Wohnung, bei Minderjährigen die Wohnung der Personensorgeberechtigten und – wenn diese getrennt leben – die Wohnung des Sorgeberechtigten, welche der Minderjährige überwiegend nutzt. In Zweifelsfällen ist die überwiegend genutzte Wohnung dort, wo der Schwerpunkt der Lebensbeziehungen liegt. Lässt sich im paritätischen Wechselmodell nicht feststellen, welche Wohnung das minderjährige Kind überwiegend nutzt und wo der Schwerpunkt seiner Lebensbeziehungen liegt, so obliegt es den Eltern, gemeinsam eine ihrer Wohnungen als Hauptwohnung des Kindes zu bestimmen. Können sie sich nicht einigen, ist Hauptwohnung die Wohnung desjenigen Elternteils, dessen Wohnung bislang Hauptwohnung oder alleinige Wohnung des Minderjährigen war. Die Wohnung des anderen Elternteils ist als weitere Wohnung Nebenwohnung.

Die gleichen Regelungen gelten auch, wenn es mehr als ein Kind gibt. Wenn die Betreuung bei mehreren Kindern allerdings insgesamt ungleich aufgeteilt ist, also weniger als ein Drittel zu zwei Drittel, zählt nur das jüngste dieser Kinder zum Haushalt des weniger betreuenden Elternteils.

Ausländische Haushaltsmitglieder

Es muss ein tatsächlicher (dauerhafter) Aufenthalt in Deutschland vorliegen. Auch muss ein in § 3 Abs. 5 WoGG genannter Aufenthaltsstatus gegeben sein (siehe Seite 102).

Ausschluss von Transferleistungsempfängern

Grundsatz der Ausschlussregelung

Haushaltsmitglieder, die nach Maßgabe der §§ 7 und 8 WoGG vom Wohngeld ausgeschlossen sind, sind bei der Berechnung des Wohngelds nicht zu berücksichtigen. Die Anzahl der nicht zu berücksichtigenden Haushaltsmitglieder ist jedoch in den Fällen des § 11 Abs. 3 WoGG maßgebend

- für den Anteil der Miete oder Belastung
- für den Anteil am Höchstbetrag für Miete und Belastung
- für den Anteil am Betrag für Heizkosten

Grundsätzlich vom Bezug von Wohngeld ausgeschlossen sind Personen, die Transferleistungen nach § 7 Abs. 1 WoGG beantragt haben bzw. bereits erhalten. Deren Unterkunfts- und Heizungskosten werden bereits im Rahmen der gezahlten (Regel)-Leistungen berücksichtigt. Sinn dieser Regelung ist die klare Trennung der jeweils zuständigen sozialen Sicherungssysteme. Die Unterkunftskosten von Transferleistungsempfängern sollen allein durch die von diesen jeweils in Anspruch genommene Transferleistung abgegolten werden. Das Wohngeld verbleibt dagegen ein Zuschuss für diejenigen Personen, die keine weiteren Transferleistungen erhalten (VGH Baden-Württemberg, Urteil vom 23.06.2009, Az. 12 S 2854.07).

Der Ausschluss von Wohngeld tritt dabei unabhängig von der Höhe der empfangenen Transferleistung in voller Höhe ein (VGH Bayern, Urteil vom 27.04.2010, Az. 12 BV 08.3353). Selbst ein geringer Betrag sperrt den Anspruch auf Wohngeld komplett. Diese Sperrwirkung tritt auch dann ein, wenn die Berechnung der Transferleistung ergibt, dass Kosten der Unterkunft nicht oder nicht in voller Höhe geleistet werden müssen. Erforderlich ist lediglich, dass bei der Berechnung die Kosten der Unterkunft entsprechend den Vorschriften der „Transferleistungsgesetze" ordnungsgemäß berücksichtigt wurden. Ergibt sich danach, dass keine Zahlungen zu leisten sind, springt das Wohngeld nicht subsidiär ein.

Rückausschluss: Wohngeld wird doch geleistet

Etwas anderes gilt nur, wenn durch das Wohngeld die Hilfebedürftigkeit (§9 SGB II, §19 Abs. 1 und 2 SGB XII, §27a BVG) vermieden oder beseitigt werden kann und der zuständige Träger eine der nach § 7 Satz 1 Nr. 1 bis 7 WoGG genannten Leistungen als nachrangig verpflichteter Leistungsträger in Anwendung von § 104 SGB X erbringt. Diese Regelung des § 7 Abs. 1 Satz 3 Nr. 2 Buchst. b WoGG wurde 2009 für Fälle eingefügt, in denen an sich ein vorrangiger Wohngeldanspruch besteht, er aber bislang wegen des aktuellen Bezugs von Transferleistungen nicht durchgesetzt werden konnte. Mit dieser Regelung wird der Wechsel aus dem Transferleistungsbezug in das Wohngeld erleichtert, wenn durch Wohngeld die Hilfebedürftigkeit vermieden werden kann. Der Wohngeldausschluss ist dann so eingeschränkt, dass jedenfalls übergangsweise ein gleichzeitiger Bezug von bestimmten Transferleistungen und Wohngeld möglich ist und dieser dann im Erstattungsweg zwischen den Leistungsträgern ausgeglichen wird.

Werden die Transferleistungen nur als Darlehen gewährt, ist der Anspruch auf Wohngeld nicht ausgeschlossen, da der Darlehensbezieher durch die Rückzahlungsverpflichtung letztendlich doch für seine Unterkunftskosten selbst aufkommt.

Ausführliche Hinweise zum Rückausschluss sind auf Seite 50 ff. zu finden.

Überblick über die einzelnen Transferleistungen

Die in § 7 Abs. 1 Nr. 1 bis 9 WoGG genannten Transferleistungen sind abschließend. Bei jeder Fallbearbeitung muss daher geprüft werden, welche Leistung genau gemeint ist und ob diese Leistung eine Unterkunftskomponente in sich trägt, so dass sie in diesen Ausschlusskatalog passt.

§ 7 Abs. 1 Satz 1 Nr. 1 WoGG: Arbeitslosengeld II und Sozialgeld (§ 19 SGB II)

Arbeitslosengeld II-Empfänger/innen und Empfänger/innen von Sozialgeld haben keinen Wohngeldanspruch, wenn bei der Berechnung der SGB II-Leistung Unterkunftskosten berücksichtigt werden (§ 7 Abs. 1 WoGG). Sie erhalten bereits angemessene Unterkunfts- und Heizungskosten (sog. KdU-Leistungen) nach § 22 SGB II im Rahmen ihres Anspruchs auf Leistungen nach SGB II.

Auch Mitglieder der Bedarfsgemeinschaft haben keinen Anspruch auf Wohngeld (§ 7 Abs. 2 WoGG i. V. m. § 7 Abs. 3 SGB II, sogenannte mittelbare Transferleistungsempfänger). Mitglieder der Bedarfsgemeinschaft sind Ehepartner und Partner in eheähnlicher Gemeinschaft und gleichgeschlechtlicher Lebenspartnerschaft, minderjährige, unverheiratete Kinder sowie die im Haushalt lebenden Eltern oder Elternteile von unverheirateten minderjährigen Kindern.

Nach § 9 Abs. 2 SGB II wird die Hilfebedürftigkeit eines Haushalts insgesamt festgestellt. Dabei werden die Einnahmen einer Person einer Bedarfsgemeinschaft zuerst zur Deckung des Bedarfs der jeweiligen Person berücksichtigt. Ein möglicherweise verbleibender Rest wird dann auf den Bedarf der anderen Mitglieder der Bedarfsgemeinschaft angerechnet. Daher kann es vorkommen, dass ein Mitglied oder mehrere Mitglieder einer Bedarfsgemeinschaft keine Leistungen nach dem SGB II erhalten, dennoch aber weiterhin zur Bedarfsgemeinschaft gehören. Da auch ihr Anteil an der Miete und ggf. ihre Einnahmen bei der Berechnung der einzelnen Leistungen der Mitglieder der Bedarfsgemeinschaft berücksichtigt werden, ist der Ausschluss auch dieser Personen vom Wohngeld sachgerecht.

Wohngeld bei SGB II-Leistungen ohne Unterkunftskomponente

SGB II-Leistungsempfänger/innen können Wohngeld beziehen, wenn sie kein Arbeitslosengeld II oder Sozialgeld erhalten, sondern nur Leistungen, die keine Unterkunftskostenkomponente enthalten. Dazu gehören insbesondere:

- Einstiegsgeld nach § 16b SGB II, sofern die Hilfebedürftigkeit durch oder nach Aufnahme der Erwerbstätigkeit entfällt
- Mehrbedarfszuschläge nach § 21 SGB II, also Mehrbedarfe für
  - werdende Mütter nach der 12. Schwangerschaftswoche
  - Alleinerziehende
  - erwerbsfähige Behinderte
  - kostenaufwändige Ernährung
  - unabweisbaren, laufenden besonderen Bedarf
  - dezentrale Warmwassererzeugung
- Zuschuss zur Versicherungspflicht zur Aufstockung ansonsten bedarfsdeckender Einkünfte nach § 26 Abs. 2 und Abs. 3 SGB II
- Einmalige Leistungen nach § 28 Abs. 2 SGB II (Hilfe bei Klassenfahrten, Schulausflügen)

§ 7 Abs. 1 Satz 1 Nr. 2 WoGG: Zuschüsse für Auszubildende (§ 27 Abs. 3 SGB II)

Nach § 27 Abs. 3 SGB II können Auszubildende, die Berufsausbildungsbeihilfe oder Ausbildungsgeld nach SGB III oder Leistungen nach BAföG beziehen, zusätzlich Zuschüsse für Unterkünfte erhalten. Nach § 27 Abs. 1 Satz 2 SGB II gelten diese Leistungen zur Deckung des ungedeckten Bedarfs bei Unterkunftskosten nicht als Leistungen des Arbeitslosengeldes II – wäre dies so, würde dies bereits zum Ausschluss nach § 7 Abs. 1 Nr. 1 WoGG führen.

Wohngeldreform 2020
Zum 01.08.2016 wurde Nr. 2 durch das Neunte Gesetz zur Änderung des Zweiten Buches Sozialgesetzbuch – Rechtsvereinfachung aus diesem Katalog herausgenommen, weil der Ausschluss schon nach §7 Abs. 1 Nr. 1 WoGG ersichtlich sei. Offenbar war das aber nicht ganz so eindeutig, so dass die Nr. 2 „zur Klarstellung" – so die Gesetzesbegründung – zum 01.01.2020 wieder eingefügt wurde.

Wichtig: Generell nicht zuschussberechtigt sind Auszubildende, die nicht bei ihren Eltern wohnen bzw., sofern diese Personen das 25. Lebensjahr noch nicht vollendet haben und ohne Zusicherung der KdU-Übernahme umgezogen sind (siehe § 13 Abs. 2 Nr. 2 BAföG und § 27 Abs. 3 Satz 2 i. V. m. § 22 Abs. 5 SGB II).

Zur Anspruchskonkurrenz von Ausbildungshilfen und Wohngeld mit der Konsequenz, dass Auszubildende keinen Wohngeldanspruch haben, siehe die Ausführungen auf Seite 59 ff.

§ 7 Abs. 1 Satz 1 Nr. 3 und Nr. 4 WoGG: Übergangsgeld und Verletztengeld in Höhe des Betrags des Arbeitslosengelds II

Erwerbsfähige Hilfebedürftige, die bereits Arbeitslosengeld II erhalten und die durch eine Erkrankung arbeitsunfähig werden, können – sofern die Voraussetzungen nach § 21 Abs. 4 SGB VI vorliegen – Übergangsgeld bei medizinischen Reha-Leistungen der gesetzlichen Rentenversicherung erhalten.

Tritt während des Bezugs von Arbeitslosengeld II ein Versicherungsfall der gesetzlichen Unfallversicherung ein, so können Versicherte nach § 47 Abs. 2 SGB VII Verletztengeld in Höhe des Betrags des Arbeitslosengelds II erhalten.

In beiden Fällen wird das Arbeitslosengeld II als Vorschuss vom SGB II-Leistungsträger gezahlt (§ 25 SGB II). Über Erstattungsregelungen wird dieser Vorschuss dann mit dem Renten- bzw. dem Unfallversicherungsträger verrechnet.

Eine eigenständige Berechnung des Übergangs- bzw. des Verletztengelds, das in Höhe des Betrags des Arbeitslosengelds II zu gewähren ist, erfolgt in der Regel nicht. Es wird als Vorschusszahlung (meist) der Betrag aus dem ursprünglichen Arbeitslosengeld II-Bescheid übernommen.

Wichtig: Nur wenn bei der Berechnung des zuvor gewährten Arbeitslosengelds II die Kosten der Unterkunft berücksichtigt wurden, führt das zu einem Ausschluss von Wohngeld. Dies stellt § 7 Abs. 1 Satz 2 WoGG noch einmal ausdrücklich klar.

§ 7 Abs. 1 Satz 1 Nr. 5 WoGG: Grundsicherung im Alter und bei dauerhafter Erwerbsminderung nach SGB XII

Angemessene Kosten der Unterkunft und Heizung (KdU) sind im Umfang der Leistung nach § 42 SGB XII enthalten. Nach § 42 Nr. 4

SGB XII umfassen die Leistungen auch die KdU-Aufwendungen nach dem Vierten Abschnitt des Dritten Kapitels SGB XII (§§ 35 ff. SGB XII).

Menschen mit Behinderungen in besonderen Wohnformen haben seit 01.01.2020 in der Regel einen Mietvertrag, in denen die Warmmiete für die privaten und für die gemeinschaftlich genutzten Räumlichkeiten benannt sind. Bei Bezug von Grundsicherung oder Hilfe zum Lebensunterhalt werden diese Kosten vom Sozialhilfeträger übernommen.

Auch der Partner/die Partnerin des Empfängers ist vom Bezug des Wohngelds ausgeschlossen, sofern er/sie bei der Ermittlung der Leistung nach § 43 Abs. 1 SGB XII berücksichtigt worden ist (§ 1 Abs. 2 Satz 2 WoGG i. V. m. § 43 Abs. 1 SGB XII).

Im Fall der Grundsicherung im Alter und bei dauerhafter Erwerbsminderung (sog. GruSi) wird ein Partner/eine Partnerin – anders als bei den anderen Transferleistungen – nicht im Rahmen einer gemeinsamen Bedarfsberechnung berücksichtigt. Ein Partner/Eine Partnerin ändert nicht den Bedarf des Grundsicherungsempfangenden, sondern „nur" eventuell die Höhe der zu gewährenden Leistung, da für den Partner/die Partnerin isoliert berechnet wird, ob seine/ihre Einnahmen den Bedarf übersteigen (§ 19 Abs. 2 SGB XII). Ist dies der Fall, wird der Überschuss beim Grundsicherungsempfänger als Einnahme berücksichtigt. Durch die Erhöhung der Einnahmen verringert sich der Differenzbetrag zwischen Bedarf und Einnahmen mit der Folge, dass sich ein geringerer Zahlbetrag ergibt.

§ 7 Abs. 1 Satz 1 Nr. 6 WoGG: Empfänger von Leistungen der Hilfe zum Lebensunterhalt nach SGB XII

Auch bei der Hilfe zum Lebensunterhalt (HLU) sind die angemessenen Unterkunftskosten bereits in den Regelleistungen berücksichtigt (§ 27a Abs. 1 Satz 1 SGB XII).

Der notwendige Lebensunterhalt in Einrichtungen umfasst nach § 27b Abs. 1 Satz 1 SGB XII den notwendigen Lebensunterhalt, der dem Umfang der Leistungen der Grundsicherung im Alter und bei Erwerbsminderung nach § 42 Nr. 1, 2 und 4 SGB XII entspricht.

Seit 01.01.2020 gehören zum berechtigten Personenkreis nach § 27b SGB XII hauptsächlich Minderjährige mit Behinderungen in stationären Einrichtungen und Volljährige mit Behinderung in speziellen Internatsschulen (§ 27c SGB XII).

Der weitere notwendige Lebensunterhalt umfasst hier insbesondere Kleidung und einen angemessenen Barbetrag zur persönlichen Verfügung (Taschengeld).

Ergibt die HLU-Berechnung in diesen Fällen, dass ausschließlich Barbetrag geleistet wird, führt dies trotzdem zum Ausschluss von Wohngeld. Denn der Barbetrag stellt einen wesentlichen Teil des notwendigen Lebensunterhalts in stationären Einrichtungen dar. Das ergibt sich bereits aus der gesetzlichen Formulierung selbst: § 27b Abs. 2 Satz 1 SGB XII spricht davon, dass der „weitere notwendige Lebensunterhalt" (im Sinne von § 27b Abs. 1 Satz 1 SGB XII) insbesondere Kleidung und einen angemessenen Barbetrag zur persönlichen Verfügung umfasst (VGH Baden-Württemberg, Urteil vom 23.06.2009, Az. 12 S 2854/07; Bay. VGH, Urteil vom 27.04.2010, 12 BV 08.3353; Hessischer VGH, Urteil vom 09.03.2015, Az. 10 A 1084/14).

Der Bezug von HLU verliert bei gleichzeitigem Bezug von Hilfe zur Pflege nach § 61 ff. SGB XII nicht seinen selbstständigen Charakter.

Erhalten Personen dagegen weder HLU-Leistungen noch Grundsicherungsleistungen, sondern ausschließlich andere Hilfen nach SGB XII oder Eingliederungshilfe nach SGB IX, besteht kein Ausschluss vom Wohngeld. § 7 Abs. 1 Nr. 5 und Nr. 6 WoGG erfassen nur Leistungen der Grundsicherung im Alter und bei Erwerbsminderung sowie Hilfe zum Lebensunterhalt nach dem Dritten und Vierten Kapitel SGB XII, nicht aber andere Leistungsarten des SGB XII. Andere Leistungen können somit dann einen Wohngeldanspruch auslösen. Allerdings werden diese Leistungen über § 11 WoGG in die Wohngeldberechnung einbezogen, so dass eine Wohngeldzahlung – je nach Berechnungsergebnis – trotzdem ausgeschlossen sein kann.

Anwendungsfälle sind etwa:

- Leistungen der Hilfe zur Überwindung besonderer sozialer Schwierigkeiten nach §§ 67, 68 SGB XII, auch wenn damit die Übernahme von Kosten der Unterkunft verbunden sind (z. B. vollständige Übernahme der Mietzahlungen für einen begrenzten Zeitraum für Untersuchungshäftlinge).
- Hilfe zur Pflege nach § 61 ff. SGB XII, wenn wegen eigener Einnahmen/Vermögen keine Hilfe zum Lebensunterhalt oder GruSi-Leistungen gezahlt werden.
- Eingliederungshilfe nach § 90 ff. SGB IX oder Leistungen zur Teilhabe am Arbeitsleben nach § 49 ff. SGB IX, wenn nicht nachgewiesen

wird, dass in diesen Eingliederungshilfeleistungen Kosten der Unterkunft inbegriffen sind.

Mitglieder der Bedarfsgemeinschaft sind bei Bezug von Leistungen nach SGB XII ebenfalls vom Wohngeldbezug ausgeschlossen (§ 7 Abs. 2 Nr. 2 WoGG). Dies können sein: Ehepartner/innen, Partner/-innen in eheähnlicher Gemeinschaft und gleichgeschlechtlicher Lebenspartnerschaft sowie minderjährige, unverheiratete Kinder.

Ausschluss von Wohngeld für Bewohner in stationären Einrichtungen (Heimen)?
Bei Bezug von Grundsicherungsleistungen oder Hilfe zum Lebensunterhalt sind Heimbewohner (siehe zum Begriff Heim auch S. 39) vom Wohngeldbezug ausgeschlossen.

Erhält der Bewohner/die Bewohnerin andere ergänzende Leistungen, kann dagegen ein Wohngeldanspruch gegeben sein. Ausschlaggebend ist auch hier, ob diese Leistungen Unterkunftskosten beinhalten. Aus dem jeweiligen Bescheid muss sich ergeben, ob Unterkunftskosten in die Berechnung eingeflossen sind.

Für Bewohner/innen vollstationärer Pflegeeinrichtungen kann die Gewährung von Wohngeld etwa dann in Betracht kommen, wenn diese keine Leistungen der Grundsicherung und/oder der Hilfe zum Lebensunterhalt, sondern lediglich Hilfe zur Pflege erhalten. Hilfe zur Pflege nach § 61 ff. SGB XII ist insbesondere dann zu leisten, wenn der errechnete Bedarf der Hilfe zur Pflege in Pflegeeinrichtungen die nur pauschale Bedarfsdeckung durch die Grundsicherung und durch die Hilfe zum Lebensunterhalt übersteigt.

§ 7 Abs. 1 Satz 1 Nr. 7 WoGG: Empfänger von Leistungen der ergänzenden Hilfe zum Lebensunterhalt oder anderer Hilfen nach Bundesversorgungsgesetz (Kriegsopferfürsorge) bzw. von Vorschriften, die das Bundesversorgungsgesetz (BVG) für anwendbar erklären

Nach § 27a BVG wird ergänzende Hilfe zum Lebensunterhalt gewährt, die auch die Unterkunftskosten umfasst. Bei dieser ergänzenden Hilfe wird auf das Dritte Kapitel des SGB XII verwiesen (§ 27 ff. SGB XII). Deshalb fällt auch diese ergänzende Hilfe unter die Transferleistungen, bei denen die Unterkunftskosten mit zur Leistung gehören.

Durch den Verweis auf die Regelungen des Dritten Kapitels SGB XII werden auch zur Bedarfsgemeinschaft gehörende Mitglieder vom Wohngeld ausgeschlossen.

Personen, die andere Hilfen nach oder analog dem Bundesversorgungsgesetz erhalten und die in einem Heim, einer Anstalt oder einer gleichartigen Einrichtung leben, sind ebenfalls vom Wohngeld ausgeschlossen (§ 7 Abs. 1 Satz 1 Nr. 7b WoGG).

Personen, die Hilfe zur Pflege nach § 26c BVG oder Eingliederungshilfe nach § 27d BVG erhalten, bekommen keine ergänzende Hilfe nach § 27a BVG. Dies ergibt sich aus § 25b Abs. 1 Satz 2 BVG, wonach keine gesonderte Leistung für den Lebensunterhalt nach § 27a BVG neben anderen Hilfeleistungen (z. B. Hilfe zur Pflege) gezahlt werden. Leistungen nach SGB XII gelten also in diesen Fällen nicht entsprechend.

Diese Personen erhalten aber durch die Aufnahme in den Katalog des § 7 Abs. 1 WoGG kein Wohngeld, da ihre Unterkunftskosten mit Aufnahme in die Einrichtung und der damit verbundenen Kostenübernahme vollständig abgedeckt sind.

Gesetze, die das Bundesversorgungsgesetz für anwendbar erklären, sind im Rahmen des sozialen Entschädigungsrechts insbesondere:

- Soldatenversorgungsgesetz (§ 80)
- Zivildienstgesetz (§ 47)
- Häftlingshilfegesetz (§ 4)
- Strafrechtliches Rehabilitierungsgesetz (§ 24)
- Verwaltungsrechtliches Rehabilitierungsgesetz (§ 6)
- Infektionsschutzgesetz (§ 60)
- Opferentschädigungsgesetz (§ 1)

Opfern von Gewalttaten, Impfgeschädigten, Wehr- und Zivildienstgeschädigten sowie Opfern von SED-Unrecht werden mit diesen Vorschriften die Schädigungsfolgen ausgeglichen bzw. Renten und/oder ergänzende Hilfen erbracht.

§ 7 Abs. 1 Satz 1 Nr. 8 WoGG: Empfänger von Leistungen nach dem Asylbewerberleistungsgesetz

Erstaufnahmeeinrichtung

Die Kosten der Unterkunft sind mit der Grundleistung nach § 3 Asylbewerberleistungsgesetz (AsylbLG) vollständig abgedeckt. Der notwendige Bedarf in Erstaufnahmeeinrichtungen, der auch als Sachleistungen erbracht werden kann, umfasst Ernährung, Unterkunft, Heizung, Kleidung, Gesundheitspflege und Gebrauchs- und Verbrauchsgüter des Haushalts (§ 3 Abs. 1 AsylbLG).

Außerhalb von Aufnahmeeinrichtungenen

Außerhalb von Aufnahmeeinrichtungen gilt ein Vorrang des Geldleistungsprinzips zur Deckung des notwendigen Bedarfs. Es gilt grundsätzlich die Definition des notwendigen Bedarfs, wie er oben dargestellt ist. Der Bedarf für Unterkunft, Heizung und Hausrat wird dabei gesondert als Geld- oder Sachleistung erbracht (siehe § 3 Abs. 2 Satz 4 AsylbLG).

Aufenthalt über 18 Monate

Leistungsberechtigte, die sich seit 18 Monaten ohne wesentliche Unterbrechung im Bundesgebiet aufhalten und die Dauer des Aufenthalts nicht rechtsmissbräuchlich selbst beeinflusst haben, erhalten Leistungen entsprechend der Sozialhilfe nach dem SGB XII (sog. Analogleistungen). Abzustellen ist bei dieser Frist auf die tatsächliche Aufenthaltsdauer im Bundesgebiet.

Art, Umfang und Höhe der Leistungen richten sich nach den Regelungen zur Sozialhilfe. Weil es sich rechtlich weiter um eine Leistung nach dem Asylbewerberleistungsgesetz handelt, bleibt aber das Verwaltungsverfahren des Asylbewerberleistungsgesetzes anwendbar (§§ 7a bis 13 AsylbLG). Die Berechtigten erhalten alle Leistungen in Höhe der Sozialhilfe nach dem Dritten Kapitel des SGB XII, insbesondere ungekürzte Regelbedarfe in bar, Mehrbedarfszuschläge, Erstausstattungen sowie die Leistungen für Unterkunft und Heizung zur Anmietung einer Wohnung. Im Bedarfsfall erhalten sie zudem „Hilfen in besonderen Lebenslagen" nach SGB XII.

Unabhängig von ihrer Erwerbsfähigkeit haben Leistungsberechtigte nach § 2 AsylbLG keinen Anspruch auf Arbeitslosengeld II (§ 7 Abs. 1 SGB II).

Auch hier gilt: Ehegatten/innen, Lebenspartner/innen oder minderjährige Kinder sind vom Wohngeldbezug ausgeschlossen (§ 7 Abs. 2 Nr. 4 WoGG i. V. m. § 1 Abs. 1 Nr. 6 AsylbLG).

Bei Kindern von Asylbewerber/innen ist zudem zu beachten: Kinder, die mit mindestens einem Elternteil in Haushaltsgemeinschaft leben, der Leistungen entsprechend dem SGB XII bezieht, erhalten ebenfalls

– akzessorisch zu dem Elternteil – Leistungen entsprechend dem SGB XII, auch wenn sie selbst die geforderte Aufenthaltsdauer unterschreiten (insbesondere in Deutschland geborene oder nachgereiste Kinder). Zugleich gilt, dass, wenn das Kind nicht mit einem Elternteil in Haushaltsgemeinschaft lebt, der Leistungen entsprechend dem SGB XII bezieht (z. B. weil der betreffende Elternteil der Ausschlussregelung in § 2 Abs. 1 AsylbLG unterfällt) dies den Anspruch des Minderjährigen auf Gewährung von Leistungen entsprechend dem SGB XII nicht beeinträchtigt. Voraussetzung ist, dass der Minderjährige die hierfür geltenden Leistungsvoraussetzungen (insbesondere die Mindestaufenthaltsdauer) in eigener Person erfüllt.

§ 7 Abs. 1 Satz 1 Nr. 9 WoGG: Empfänger von Leistungen nach dem SGB VIII

Empfänger von Kinder- und Jugendhilfeleistungen sind nur dann vom Wohngeldbezug ausgeschlossen, wenn Haushaltsgemeinschaften in Kinder- und Jugendpflegeeinrichtungen gebildet werden, die ausschließlich (!) aus Empfängern dieser SGB VIII-Leistungen bestehen.

Gemeint sind hier Unterhaltsleistungen im Rahmen von (teil-)stationären Hilfen wie:

- sozialpädagogisch begleiteten Wohnformen (§ 13 Abs. 3 SGB VIII)
- gemeinsamen Wohnformen für Mütter/Väter und Kinder (§ 19 SGB VIII)
- notwendiger Unterbringung des Kindes oder Jugendlichen zur Erfüllung der Schulpflicht, etwa Internate (§ 21 SGB VIII)
- Unterbringung in einem Heim oder einer sonstigen betreuten Wohnform (§ 34 SGB VIII)

Rückausnahme vom Ausschluss von Transferleistungsempfängern

Der Vorrang der Transferleistungen, die eine Unterkunftskomponente enthalten, wird durch § 7 Abs. 1 Satz 3 WoGG (und für Haushaltsmitglieder nach § 7 Abs. 2 Satz 2 WoGG) in zwei Fällen wieder gekappt:

- bei ausschließlich als Darlehen gewährten Transferleistungen (Nr. 1)
- wenn durch Wohngeld die Hilfebedürftigkeit vermieden bzw. beseitigt werden kann (Nr. 2)

§ 7 Abs. 1 Satz 3 Nr. 1 WoGG: Darlehensgewährung

Da für Darlehen eine Rückzahlungsverpflichtung besteht, trägt der/die Darlehensnehmende seine/ihre Unterkunftskosten im Endeffekt selbst. Daher besteht kein Ausschluss vom Wohngeld, wenn die Transferleistungen ausschließlich als Darlehen gewährt werden.

Im SGB II-Bereich können verschiedene Darlehensformen vorliegen:

- Überbrückungsdarlehen nach § 9 Abs. 4 SGB II, wenn ein Vermögenseinsatz nicht (sofort) möglich ist oder die Verwertung eine besondere Härte darstellen würde
- Überbrückungsdarlehen nach § 24 Abs. 4 SGB II, wenn zu erwarten ist, dass in dem Monat, für den die Leistungen erbracht werden, Einnahmen anfallen
- Härtefalldarlehen nach § 27 Abs. 4 Satz 1 SGB II an Schüler/innen und Studierende (Achtung: möglicher Wohngeldausschluss wegen § 20 WoGG, siehe dazu S. 57)

Beispiel:

Berta erhält Arbeitslosengeld II. Sie schließt am 17.08.2020 einen Arbeitsvertrag für eine Vollzeitstelle ab dem 01.09.2020 ab. Die Gehaltszahlung erfolgt immer am Ende des Monats, das September-Gehalt erhält sie somit nicht vor dem 28.09.2020. Das Jobcenter hebt den Bewilligungsbescheid zum 31.08.2020 auf. Damit Berta finanziell über den September kommt, beantragt sie zum 01.09.2020 Wohngeld und gleichzeitig ein Überbrückungsdarlehen zur Bestreitung der laufenden Lebenshaltungskosten.

Aber: Werden Transferleistungen nur zum Teil als Darlehen erbracht, empfängt das Haushaltsmitglied trotz des Darlehensanteils insgesamt eine Transferleistung. Diese führt zu einem Wohngeldausschluss, wenn bei der Ermittlung der Gesamtleistung Kosten der Unterkunft berücksichtigt worden sind – so die Aussage der Verwaltungsvorschrift zum Wohngeldgesetz (WoGVwV 2016 zu § 8, 8.13).

§ 7 Abs. 1 Satz 3 Nr. 2 WoGG: Vermeidung, Beseitigung von Hilfebedürftigkeit

Wohngeld ist nicht ausgeschlossen, wenn dadurch die Hilfebedürftigkeit im Sinne von § 9 SGB II, § 19 Abs. 1 und Abs. 2 SGB XII oder § 27a BVG vermieden oder beseitigt werden kann.

Zusätzlich darf die Transferleistung während der Dauer des Verwaltungsverfahrens zur Feststellung von Grund und Höhe dieser Leistung noch nicht erbracht worden sein. Diese Voraussetzung des § 7 Abs. 1 Satz 3 Nr. 2 Buchst. a WoGG betrifft Fälle, in denen bereits ein Antrag auf eine Transferleistung gestellt wurde, aber noch kein Bescheid ergangen ist. Bei nicht antragsgebundenen Leistungen kann das Verfahren zwar schon begonnen sein, aber auch hier darf noch kein abschließender Bescheid ergangen sein.

Mit dieser Konstruktion verhindert man einen Ausschluss vom Wohngeld, der sonst ab Antragstellung/Beginn der Verfahrenshandlung nach § 8 Abs. 1 Satz 1 bzw. Satz 2 Nr. 1 WoGG bestünde.

Auch bei bereits laufendem Bezug von Transferleistungen kann parallel der Bezug von Wohngeld möglich sein. § 7 Abs. 1 Satz 3 Nr. 2 Buchst. b WoGG beschreibt diesen Fall: Der zuständige Leistungsträger erbringt die Leistung als nachrangig verpflichteter Träger. Nachrangig verpflichtet ist ein Leistungsträger, soweit dieser bei rechtzeitiger Erfüllung der Leistungsverpflichtung eines anderen Leistungsträgers selbst nicht zur Leistung verpflichtet gewesen wäre.

Diese etwas komplizierte Gesetzeskonstruktion ermöglicht es dem Transferleistungsempfänger, einen Wohngeldantrag zu stellen, obwohl er bereits eine Transferleistung erhält. Damit soll der Wechsel aus dem Bezug von Transferleistungen in das Wohngeld erleichtert werden um Hilfebedürftigkeit zu vermeiden. Damit dies gelingt, ist übergangsweise ein gleichzeitiger Bezug von Transferleistungen und Wohngeld notwendig, der dann – wenn klar ist, welcher Träger vorrangig zu leisten hat – im Erstattungsweg zwischen den Trägern ausgeglichen wird.

Gäbe es diese Regelung nicht, müsste für einen Wechsel der Bescheid für die Transferleistung zunächst aufgehoben oder vom Transferleistungsempfänger ein Verzicht auf die Leistung erklärt werden (§ 8 Abs. 2 WoGG). Hier bestünde die Gefahr einer Leistungsunterbrechung mit der Folge ungesicherter Kosten der Unterkunft. Damit dies verhindert wird, gilt die Regel: Bei zweifelhaften Fällen bleibt es bei der Transferleistung, bis eindeutig berechnet bzw. geklärt ist, dass Wohngeld – ggf. mit Kinderzuschlag nach § 6a BKGG – tatsächlich die Hilfebedürftigkeit beseitigt.

Wichtig: Bei Asylbewerberleistungen und bei Leistungen der Kinder- und Jugendhilfe ist dieser erleichterte Wechsel nicht vorgesehen. § 7

Abs. 1 Satz 3 Nr. 2 WoGG bezieht sich nur auf die Transferleistungen nach § 7 Abs. 1 Satz 1 Nr. 1 bis 7 WoGG.

Pflichtwechsel zum Wohngeld (§ 12a SGB II)

Nach § 12a Abs. 1 Satz 1 SGB II sind „Leistungsberechtigte verpflichtet, Sozialleistungen anderer Träger in Anspruch zu nehmen und die dafür erforderlichen Anträge zu stellen, sofern dies zur Vermeidung, Beseitigung, Verkürzung oder Verminderung der Hilfebedürftigkeit erforderlich ist."

Hinsichtlich von Wohngeld gilt dies aber nur, wenn dadurch die Hilfebedürftigkeit aller Mitglieder der Bedarfsgemeinschaft dauerhaft beseitigt wird.

Ist dies der Fall, erfolgt regelmäßig ein Aufforderungsschreiben an den Leistungsempfänger, Wohngeld zu beantragen. Kommt dieser der Aufforderung nicht nach, darf der Grundleistungsträger selbst einen Antrag stellen (§ 5 Abs. 3 SGB II).

Es ist daher eine zweistufige Prüfung des SGB II-Trägers vorzunehmen, die in den Fachlichen Hinweisen der Bundesagentur für Arbeit zu § 12a wie folgt beschrieben ist:

- Bei der Beurteilung, ob ein Wohngeldanspruch vorrangig ist, ist zunächst zu prüfen, ob der gesamte Bedarf einer Bedarfsgemeinschaft mit Wohngeld (ggf. einschließlich Kinderzuschlag nach § 6a BKGG) gedeckt wäre.

  Einzelne Mitglieder der Bedarfsgemeinschaft dürfen nicht auf die Inanspruchnahme von Wohngeld verpflichtet werden. Dies gilt insbesondere für Kinder (sog. Kinderwohngeld).

  Möglich ist aber, dass Leistungsberechtigte für einzelne Mitglieder freiwillig Wohngeld beantragen (siehe dazu unten).
- Kann der gesamte Bedarf der Bedarfsgemeinschaft gedeckt werden, ist weiter zu prüfen, ob mit Wohngeld die Hilfebedürftigkeit der gesamten Bedarfsgemeinschaft für einen Zeitraum von mindestens drei Monaten beseitigt würde (Prognose der Grundsicherungsstelle).

Liegen diese Voraussetzungen nicht vor, ist eine Aufforderung, Wohngeld zu beantragen bzw. eine eigene Antragstellung durch die SGB II-Träger nicht zulässig.

Wird ein vorrangiger Wohngeldanspruch nach der oben dargestellten Prüfung festgestellt und liegt noch kein Leistungsbezug vor, ist der Antrag auf Leistungen nach dem SGB II abzulehnen und auf die Beantragung von Wohngeld hinzuweisen.

Liegt bereits ein Leistungsbezug vor und kann durch Wohngeld die Hilfebedürftigkeit beseitigt werden, ist Arbeitslosengeld II/Sozialgeld weiter zu leisten, bis der Wohngeldantrag abschließend bearbeitet ist und Wohngeld geleistet wird. Von dem Monat an, für den ein Wohngeldantrag gestellt wird (§ 25 Abs. 2 Satz 1 WoGG), hat der SGB II-Träger einen Erstattungsanspruch nach § 104 SGB X gegenüber dem Wohngeldträger. Er muss sich wegen seiner Kosten also an den Wohngeldträger halten, nicht an den Leistungsempfänger.

Freiwilliger Wechsel, freiwillige Beantragung von Wohngeld

Um eine Schlechterstellung zu vermeiden, wenn der Wohngeldanspruch für einzelne Mitglieder der Bedarfsgemeinschaft höher wäre als der Anspruch auf Leistungen nach dem SGB II, darf der Leistungsberechtigte freiwillig Wohngeld für diese Mitglieder beantragen.

In der Praxis ist diese Beantragung meist an die gleichzeitige Beantragung des Kinderzuschlags gekoppelt. Auch möglich ist, eine vom Arbeitslosengeld II abgekoppelte Gewährung für Mehrbedarfe nach § 21 SGB II zu leisten (z. B. Alleinerziehendenzuschlag).

Wichtig: Zu den Folgen des freiwilligen Wohngeldantrags hat der SGB II-Träger (Jobcenter) umfassend zu beraten (vgl. Fachliche Hinweise der Bundesagentur für Arbeit zu § 12a, dort 12a.6b). Dazu gehört auch eine Vergleichsberechnung, damit der Hilfebedürftige sehen kann, wie er sich in den jeweiligen Sozialleistungssystemen „stellt".

Auswirkungen kann der Wechsel in das Wohngeld insbesondere auf den (Kranken)-Versicherungsschutz haben. Durch den Bezug von Wohngeld ggf. mit Kinderzuschlag entfällt die Versicherungspflicht bzw. die Zahlung der Versicherungsbeträge durch den Grundleistungsträger. Diese Aufwendungen müssen dann vom Leistungsempfänger selbst getragen werden.

Sollte sich herausstellen, dass alleine durch diese Aufwendungen wieder Hilfebedürftigkeit entstehen würde, kann auch auf Antrag ein Zuschuss zu den Kosten der Kranken- und Pflegeversicherung vom SGB II-Träger geleistet werden (§ 26 Abs. 3 SGB II). Da dieser Zuschuss kein Bestandteil der Leistungen zur Sicherung des Lebensunterhalts ist und auch nichts mit Unterkunftskosten zu tun hat, schließt dieser einen Anspruch auf Wohngeld und ggf. auf einen Kinderzuschlag nicht aus. Auch darüber hat der SGB II-Träger zu informieren.

Achtung: Zum 01.01.2016 entfiel die Möglichkeit der Familienversicherung für Empfänger von Arbeitslosengeld II (Änderung des § 5 Abs. 1 Nr. 2a SGB V durch das GKV-Finanzstruktur- und Qualitätsentwicklungsgesetz). Seither besteht für jedes Familienmitglied eine eigenständige Versicherungspflicht. Dies kann Auswirkungen auf die Aufwendungen für die Krankenversicherungskosten haben.

Beginn und Dauer des Ausschlusses bei der Konkurrenz von Transferleistung und Wohngeld

Der Ausschluss von der Bezugsmöglichkeit von Wohngeld gilt vom Ersten des Monats an, in dem die Transferleistung beantragt wurde bzw. in Fällen, in denen die Transferleistung nicht vom Ersten eines Monats an beantragt wurde (anteilige monatliche Leistung) vom Ersten des nächsten Monats an (§ 8 Abs. 1 Nr. 1 WoGG).

Diese Regelung gewährleistet, dass in Fällen, in denen ein Antrag gestellt wird, bevor der Anspruch dem Grunde nach überhaupt entstanden ist, kein Finanzierungsloch bei den Unterkunftskosten entsteht. Es kommt also nicht erst auf den Empfang einer Transferleistung an, sondern auf den Beginn des darauf gerichteten Verwaltungsverfahrens.

Der Leistungsausschluss besteht dann bis zum Abschluss des Verwaltungsverfahrens zur Feststellung des Grunds und der Höhe der Transferleistung. Abschlossen ist das Verwaltungsverfahren mit Erlass eines Abhilfe- oder Widerspruchsbescheids (ständige Rechtsprechung des BVerwG, z. B. Urteil vom 12.08.2014, Az. 1 C 2.14).

Wird eine Transferleistung vorfristig beantragt, ist sie erst ab dem Zeitpunkt vom Wohngeld ausgeschlossen, ab dem ein Anspruch auf diese Leistung dem Grunde nach besteht. In der Verwaltungsvorschrift zum Wohngeldgesetz findet sich dazu folgendes Beispiel (siehe WoGVwV zu §8, 8.11):

Beispiel:

Endet der Anspruch eines Haushaltsmitgliedes auf Arbeitslosengeld I am 31.03. und stellt es den Antrag auf Arbeitslosengeld II bereits am 28.02., besteht der Anspruch auf Arbeitslosengeld II dem Grunde nach erst vom 01.04. an. Erst ab diesem Zeitpunkt ist das Haushaltsmitglied vom Wohngeld ausgeschlossen.

Rückwirkende Beseitigung des Ausschlusses bei Nichtbewilligung der Transferleistung

Führt das Verwaltungsverfahren nicht zur Bewilligung der Transferleistung, wird der während des Verfahrens geltende Wohngeldausschluss rückwirkend wieder beseitigt.

Nach den Ziffern 1 bis 3 von §8 Abs. 1 Satz 3 WoGG sind damit die Rücknahme, Ablehnung, Versagung oder Entziehung des Transferleistungsantrags bzw. deren Gewährung als Darlehen gemeint.

Nach der Wohngeldreform 2016 wurden in §8 Abs. 1 Satz 3 WoGG zwei neue Fallvarianten in Form von Nummer 4 und Nummer 5 eingefügt, die in der Gesetzesbegründung (18/4897, S. 82 f.) wie folgt erläutert werden:

> **Zu Nummer 4**
> Der Ausschluss gilt als nicht erfolgt, wenn der Anspruch auf eine Transferleistung nachträglich im Sinne des § 103 Abs. 1 SGB X ganz entfallen ist oder nach § 104 Abs. 1 oder 2 SGB X oder nach § 40a SGB II nachrangig ist.

Erbringt ein Sozialleistungsträger eine der in §7 Abs. 1 WoGG genannten Leistungen und fällt diese Leistungspflicht nachträglich weg oder war nachrangig, erfolgt die Erstattung dieser Leistung nach § 103 Abs. 1 SGB X ggf. i. V. m. §40a SGB II in der Regel ohne Aufhebung des an die leistungsberechtigte Person gerichteten Transferleistungsbescheids. Das Weiterbestehen des Transferleistungsbescheids darf aber dann nicht zum Ausschluss vom Wohngeld führen, wenn die zu erstattende andere Leistung diese Transferleistung vollständig ersetzt und nicht selbst eine Leistung im Sinne des §7 Abs. 1 WoGG ist. Nach § 107 SGB X gilt der Anspruch der leistungsberechtigten Person auf die zu erstattende andere, zum Beispiel später bewilligte Leistung im Verhältnis zum bewilligenden Leistungsträger in diesem Fall als erfüllt. Die leistungsberechtigte Person muss daher im Ergebnis auch so behandelt werden, als hätte sie eine Leistung erhalten, die nicht nach §7 Abs. 1 WoGG zum Wohngeldausschluss führt.

Dieser Sachverhalt liegt im Wesentlichen in folgenden Fällen vor, wenn

- ein SGB II-Träger Arbeitslosengeld II erbracht hat und seine Leistungspflicht wegen der rückwirkenden Bewilligung von Kinderzuschlag nach § 6a BKGG nachrangig wird,
- die Erbringung von Arbeitslosengeld II allein aufgrund einer nachträglich festgestellten vollen Erwerbsminderung (§ 43 Abs. 2 Satz 2 SGB VI) rechtswidrig war oder
- für einen Zeitraum, für den Arbeitslosengeld II erbracht worden ist, rückwirkend eine Rente wegen Alters zuerkannt wird.

Dieser Sachverhalt liegt zum Beispiel auch vor, wenn die Agentur für Arbeit im Rahmen der Feststellung von Erwerbsfähigkeit entschieden hat, dass kein Anspruch auf Leistungen der Grundsicherung für Arbeitsuchende besteht und der deshalb zuständige Träger (z. B. der Sozialhilfeträger oder der Rentenversicherungsträger) Widerspruch eingelegt hat (siehe dazu § 103 SGB X i. V. m. § 44a Abs. 1 und 3 SGB II).

§

Zu Nummer 5
Der Ausschluss gilt als nicht erfolgt, wenn dieser nachträglich durch den Übergang eines Anspruchs in vollem Umfang erstattet wird.

Diese weitere Fallvariante betrifft Fälle, in denen etwa nach § 33 SGB II oder §§ 93, 94 SGB XII eine Erstattung aufgrund einer vorrangigen zivilrechtlichen Verpflichtung erfolgt.

Das Weiterbestehen des Transferleistungsbescheids darf in diesen Fällen nicht zum Ausschluss von Wohngeld führen, wenn die zu erstattende andere Leistung diese Transferleistung vollständig ersetzt und nicht selbst eine Leistung im Sinne des § 7 Abs. 1 WoGG ist. Die leistungsberechtigte Person muss daher im Ergebnis auch so behandelt werden, als hätte sie eine Leistung erhalten, die nicht nach § 7 Abs. 1 WoGG zum Wohngeldausschluss führt.

Dieser Sachverhalt liegt im Wesentlichen bei unterhaltsrechtlichen Erstattungsansprüchen vor. Grundsätzlich kann jeder (privat- oder öffentlich-rechtliche) Anspruch der oder des Hilfebedürftigen übergeleitet werden. Dies sind beispielsweise:

- Ansprüche aus der privaten Kranken- und Pflegeversicherung
- Ansprüche auf Steuererstattung
- Ansprüche aus ungerechtfertigter Bereicherung (§ 812 ff. BGB)

- Pflichtteilsansprüche gegen Erben (§ 2303 ff. BGB)
- Rückforderungsansprüche aus Schenkungen (§ 528 Abs. 1 BGB)
- Ansprüche aus einem Übergabe- oder Altenteilsvertrag
- Ansprüche aus einer betrieblichen Altersversorgung
- nicht erfüllte vertraglich gesicherte Leibrentenzahlung (§§ 759 bis 761 BGB)

Ausschluss wegen Sanktionen

Der Grundsatz der Trennung der Unterkunftskosten in den sozialen Sicherungssystemen gilt auch, wenn diese Transferleistungen im Rahmen von Sanktionierungsmaßnahmen ganz oder zeitweise gekürzt oder gestrichen wurden. Nach § 7 Abs. 3 WoGG ist auch in diesem Fall der Bezug von Wohngeld ausgeschlossen.

Derzeit gibt es nur relevante Sanktionen in den §§ 31, 31a, 31b und 32 SGB II. Hierbei sollte das Urteil des Bundesverfassungsgerichts zu den Sanktionen vom 05.11.2019 (Az. 1 BvL 7/16) beachtet werden. Bis zu einer Neufassung der entsprechenden Regelungen dürfen laut Urteil unter anderem keine Sanktionen verhängt werden, die länger als drei Monate andauern.

Da die Streichung der Unterkunftskosten in den bestehenden Regelungen erst als „letztes Mittel", also bei wiederholten schwereren Pflichtverletzungen angewandt wird, wird es als Gebot der Systemgerechtigkeit angesehen, wenn auch hier kein Wohngeldanspruch besteht. Im anderen Fall würden die Sanktionsmöglichkeiten der Leistungsgesetze konterkariert.

Wichtig: Arbeitslosengeld II bzw. die Unterkunftskosten müssen wegen der Sanktionen eingeschränkt werden bzw. entfallen. Diesbezüglich besteht eine Kausalität. Unschädlich ist es, wenn diese Leistungen im Verlauf des Sanktionszeitraums aus anderen Gründen nicht mehr gezahlt werden, etwa wenn eine Arbeitsaufnahme erfolgt. In diesen Fällen kann mit Ende des Anspruchs auf Arbeitslosengeld II Wohngeld gewährt werden.

Die Verwaltungsvorschrift zum Wohngeldgesetz führt in Ziffer 7.31 aus, wann es sich nicht um eine Sanktion im Sinne des § 7 Abs. 3 WoGG handelt. Danach liegt keine Sanktion vor, wenn

- die Leistung nach § 7 Abs. 4a SGB II wegen Verstoßes gegen die Erreichbarkeits-Anordnung versagt wird,
- nach § 22 Abs. 2a Satz 1 bis 3 SGB II keine Leistungen von Kosten der Unterkunft für Personen unter 25 Jahren nach einem Umzug ohne die notwendige Zusicherung der Leistung durch den kommunalen Träger erbracht werden,
- nach § 22 Abs. 2a Satz 4 SGB II Leistungen von Kosten der Unterkunft für Personen, die das 25. Lebensjahr noch nicht vollendet haben, nicht erbracht werden, weil diese vor der Beantragung von Leistungen in eine Unterkunft in der Absicht umziehen, die Leistungsberechtigung herbeizuführen, oder
- Haushaltsmitgliedern eine Leistung nach § 7 Abs. 1 Satz 1 WoGG wegen fehlender Mitwirkung nach § 60 ff. SGB I vollständig versagt oder entzogen worden ist.

Kommen Personen, die SGB II-Leistungen beantragen oder erhalten, ihren Mitwirkungspflichten nach §§ 60 bis 62, 65 SGB I nicht nach und wird hierdurch die Aufklärung des Sachverhalts erheblich erschwert, kann der SGB II-Träger ohne weitere Ermittlungen die Leistung bis zur Nachholung der Mitwirkung ganz oder teilweise versagen oder entziehen, soweit die Voraussetzungen der Leistung nicht nachgewiesen sind (§ 66 SGB I). Zuvor müssen die Leistungsberechtigten auf diese Folge – mit Fristsetzung zur Nachholung – schriftlich hingewiesen werden. Ab Zugang dieses Bescheids kann vorsorglich Wohngeld beantragt werden, da nach § 8 Abs. 1 WoGG der Wohngeldausschluss als nicht erfolgt anzusehen ist. Wird dann aufgrund der Nachholung der Mitwirkung Arbeitslosengeld II bewilligt, lebt der Wohngeldausschluss wieder auf.

Kein Anspruch wegen Studium oder Ausbildung

Bei Ausbildung und Studium kann eine Gesetzeskonkurrenz zwischen den ausbildungsrechtlichen Vorschriften und dem Wohngeldgesetz bestehen, mit der Konsequenz, dass der Wohngeldanspruch ausgeschlossen ist (§ 20 Abs. 2 WoGG).

Die Frage, ob Studierende oder Auszubildende einen Anspruch auf Wohngeld haben, sollte anhand dieses „Vierer-Schrittes" genau geprüft werden:

- **Alle Haushaltsmitglieder:**
  Entscheidend ist zunächst einmal, ob alle Haushaltsmitglieder die in § 20 Abs. 2 Satz 1 WoGG genannten BAföG-Leistungen bzw. Berufsausbildungsbeihilfe (BAB) oder Ausbildungsgeld erhalten bzw. erhalten könnten.

  Ist mindestens ein Haushaltsmitglied nicht leistungsberechtigt, besteht ein Wohngeldanspruch (z. B. Elternteil eines Studierenden, Partner/in oder Ehegatte/Ehegattin des Studierenden, Kind eines/r Auszubildenden).

- **Kein Anspruch dem Grunde nach:**
  Liegt eine Förderungsfähigkeit der Ausbildung nach den Regeln des BAföG oder des SGB III vor, ist Wohngeld ausgeschlossen (§ 20 Abs. 2 Satz 1 WoGG). Ob die Leistung tatsächlich beantragt und ob der Antrag genehmigt oder nicht genehmigt wurde, ist hier unerheblich.

  Nur, wenn es sich um eine nicht förderungsfähige Ausbildung handelt oder die persönlichen Voraussetzungen für eine Förderung nicht erfüllt werden, kann Wohngeld beansprucht werden (z. B. nicht förderungsfähige Ausbildungsstätte, Überschreiten der Altersgrenze, Überschreiten der Förderungshöchstdauer, Fachrichtungswechsel ohne wichtigen oder unabweisbaren Grund, Fälle von Zweitausbildung).

  Sofern noch kein abgelehnter Bescheid vorliegt, muss die Wohngeldbehörde prüfen, ob dem/der Auszubildenden Ausbildungsförderung dem Grunde nach (nicht) zusteht – so die Verwaltungsvorschrift zum Wohngeldgesetz (20.23).

- **Volldarlehen:**
  Wird die Förderleistung ausschließlich als Darlehen gewährt, besteht ein Wohngeldanspruch (§ 20 Abs. 2 Satz 2 WoGG).

- **Kein Anspruch der Höhe nach:**
  Besteht zwar ein Anspruch dem Grunde nach, wird die Förderleistung aber der Höhe nach abgelehnt oder könnte diese wegen der Höhe abgelehnt werden (bei noch nicht erfolgter Beantragung), besteht nach § 20 Abs. 2 Satz 3 WoGG auch kein Wohngeldanspruch.

  Das gilt unabhängig davon, ob ein Volldarlehen oder ein Zuschuss angestrebt oder beantragt ist.

Nicht im Katalog von § 20 Abs. 2 Satz 1 WoGG enthalten sind Leistungen nach §§ 79 bis 83 SGB III. Die Förderung nach diesen Vorschriften schließt den Wohngeldanspruch damit nicht aus; gemeint sind damit: ausbildungsbegleitende Hilfen für Menschen mit Behinderungen, berufliche Weiterbildung von Arbeitnehmer/innen. Das muss auch dann gelten, wenn die berufliche Weiterbildung an Ausbildungsstätten im Sinne des § 2 BAföG oder im Rahmen von Fernunterricht im Sinne des § 3 BAföG durchgeführt wird.

Auch die Aufstiegsfortbildung nach dem Aufstiegsfortbildungsförderungsgesetz (AFBG) ist in § 20 Abs. 2 Satz 1 WoGG nicht erwähnt. Damit kommt auch beim sogenannten Meister-BAföG (Aufstiegs-BAföG) ein Wohngeldanspruch infrage. Handelt es sich um den Besuch einer Fachschule oder Fachakademie, die eine abgeschlossene Berufsausbildung voraussetzt, besteht eine Wahlmöglichkeit zwischen Leistungen nach dem AFBG und dem BAföG. Erhält der/die Schüler/in in diesem Fall AFBG-Leistungen, ist das Wohngeld trotzdem ausgeschlossen, da dem „Grunde nach" auch BAföG-Leistungen möglich wären.

Wichtig: Auch ausländische Studierende und Auszubildende können Wohngeld beantragen, wenn sie nicht die Voraussetzungen des § 8 BAföG oder des § 63 SGB III erfüllen. Allerdings müssen sie dann für den Wohngeldanspruch die Voraussetzungen von § 3 Abs. 5 WoGG erfüllen (siehe Seite 102). Auch hier gilt: die Beantragung von Wohngeld kann aufenthaltsrechtliche Konsequenzen haben. Daher sollte vor Beantragung von Wohngeld mit der Ausländerbehörde Rücksprache gehalten werden.

Seit 01.01.2016 enthält der Katalog der ausschließenden Förderleistungen auch Leistungen zur Sicherung des Lebensunterhalts während des ausbildungsbegleitenden Praktikums oder der betrieblichen Berufsausbildung bei Teilnahme am Sonderprogramm „Förderung der beruflichen Mobilität von ausbildungsinteressierten Jugendlichen und arbeitslosen jungen Fachkräften aus Europa" (MobiPro-EU).

Freiwillig Wehrdienst Leistende

Mit dem Gesetz zur nachhaltigen Stärkung der personellen Einsatzbereitschaft der Bundeswehr (Bundeswehr-Einsatzbereitschaftsstärkungsgesetz – BwEinsatzBerStG) wurden unter anderem das Unterhaltssicherungsgesetz (USG) und das Wehrsoldgesetz (WSG) neu gefasst.

2

Regelung bis 2019

Bis Ende 2019 regelte das Unterhaltssicherungsgesetz die finanzielle Absicherung von freiwillig Wehrdienst Leistenden und ihren Familienangehörigen.

Die Leistungen umfassten unter anderem:

- Erstattung von Aufwendungen für Wohnraum
- Beiträge zu einer gesetzlichen oder privaten Kranken- und Pflegeversicherung
- Leistungen an Angehörige
- Überbrückungszuschuss

Neuregelung seit 2020

Die Neufassung des Wehrsoldgesetzes und des Unterhaltssicherungsgesetzes trat zum 01.01.2020 in Kraft. Der Anspruch auf Geld- und Sachbezüge nach diesen Gesetzen regelt seitdem

- für freiwilligen Wehrdienst Leistende (FWDL) vollumfänglich das Wehrsoldgesetz und
- für Reservistendienst Leistende (RDL) vollumfänglich s Unterhaltssicherungsgesetz.

Was ändert sich?

Freiwillig Wehrdienst Leistende erhalten ihren Wehrsold nach dem Wehrsoldgesetz. In Bezug auf den bisherigen Leistungsumfang nach dem Unterhaltssicherungsgesetz ergeben sich folgende Änderungen:

- Alle bisherigen Leistungen nach dem Unterhaltssicherungsgesetz entfallen ab dem 01.01.2020 für freiwillig Wehrdienst Leistende, da es ab diesem Zeitpunkt nicht (mehr) für diesen Personenkreis gilt.
- Freiwillig Wehrdienst Leistende erhalten für jedes kindergeldberechtigte Kind einen Kinderzuschlag in Höhe von monatlich 100 Euro (ersetzt die bisherigen Leistungen nach §§ 16 bis 19 USG).
- Freiwillig Wehrdienst Leistenden werden die Kosten für Beiträge an eine gesetzliche oder private Kranken- und Pflegeversicherung für Angehörige ohne eigenes Einkommen in Höhe des Basistarifs erstattet (ersetzt die bisherigen Leistungen nach § 20 USG).

- Da es keine Entsprechung für § 13 USG (a. F.) geben wird – der Erstattung von Aufwendungen für Wohnraum –, haben freiwillig Wehrdienst Leistende jetzt unter Umständen Anspruch auf Wohngeld.

Ein Überbrückungszuschuss kann nach dem geänderten § 13 SVG (Soldatenversorgungsgesetz) gewährt werden.

Übergangsregelung

Freiwillig Wehrdienst Leistende, deren Wehrdienstverhältnis vor dem 01.01.2020 beginnt und über den 01.01.2020 hinaus andauert, werden ab dem 01.01.2020 automatisch in das neue Wehrsoldsystem überführt.

Freiwillig Wehrdienst Leistende mit Ansprüchen auf Erstattung von Aufwendungen für Wohnraum (§ 13 USG) oder Leistungen für Angehörige im gemeinsamen Haushalt (§§ 17 und 22 USG) nach Maßgabe des Unterhaltssicherungsgesetzes in der bis zum 31.12.2019 (a. F.) geltenden Fassung, erhalten einen Ausgleichsbetrag in Höhe der Differenz zwischen der Summe der Beträge aus dem Wehrsold nach den § 2 Abs. 1 und § 8c WSG in der bis zum 31.12.2019 geltenden Fassung und einer Leistung nach den §§ 13, 17 und/oder 22 USG (a. F.) sowie dem Wehrsold nach Maßgabe von § 4 WSG in der ab dem 01.01.2020 geltenden Fassung, sofern die Bezüge nach altem Recht höher waren.

Berechnung des Wohngelds

Komponenten der Berechnung 66
Miete 67
Belastung 68
Zu berücksichtigende Miete bzw. Belastung 69
Anteilige Berücksichtigung bei Mischhaushalten 70
Höchstbeträge 71
Gesamteinkommen 75
Jahreseinkommen 76
Pauschale Abzugsbeträge für Steuern und Sozialversicherungsbeiträge 84
Freibeträge 85
Abzugsbeträge für Unterhaltsleistungen 87

Komponenten der Berechnung

Wohngeld wird immer nur als Zuschuss zur Miete oder zur Belastung bei einem Eigenheim geleistet. Eine vollständige Übernahme der Kosten erfolgt nicht, ein Teil der Aufwendungen muss in jedem Fall vom bzw. von den Anspruchsberechtigten selbst getragen werden.

3

Wichtig: Dieser Grundsatz, dass Wohngeld nur als Zuschuss bei *einkommensschwachen* Haushalten gezahlt wird, manifestiert sich in § 21 WoGG. Beträgt das Wohngeld monatlich weniger als 10 Euro, so wird es nicht ausgezahlt (Nr. 1), weil davon auszugehen ist, dass die Nichtauszahlung dieser geringen Summe vom Antragsteller/von der Antragstellerin aufgrund seiner/ihrer Einkünfte verkraftet werden kann. Auch wenn erhebliches Vermögen vorliegt, wird das Wohngeld nicht ausgezahlt (Nr. 3). Der Verwaltungsvorschrift zum Wohngeldgesetz ist zu entnehmen, dass die Wohngeldstellen hier von einem Betrag in Höhe von 60.000 Euro für das erste zu berücksichtigende Haushaltsmitglied und 30.000 Euro für jedes weitere zu berücksichtigende Haushaltsmitglied ausgehen (WoGVwV 2017 zu § 21).

Nach Feststellung, wer wohngeldberechtigt ist und wie hoch die Anzahl der berücksichtigten Haushaltsmitglieder ist, kann das Wohngeld wie folgt berechnet werden:

- Berechnung des anrechenbaren monatlichen Einkommens
- Berechnung der Miete bzw. Belastung
- Ansetzung des Höchstbetrags der für die Wohngeldberechnung relevanten Miete bzw. Belastung
- Vergleich der realen Miete bzw. Belastung und des relevanten Höchstbetrags

Aus diesen Komponenten wurde zur Berechnung der Höhe des Wohngelds bzw. des Lastenzuschusses nachfolgende Formel für einen Haushalt mit bis zu zwölf Familienmitgliedern entwickelt (§ 19 WoGG):

$$1{,}15 * (M - (a + b * M + c * Y) * Y) \text{ Euro}$$

„M" ist die tatsächliche zu berücksichtigende monatliche Miete oder Belastung (siehe dazu auch Anlage 2 des WoGG)

„Y" ist das monatliche Einkommen (siehe dazu auch Anlage 2 des WoGG)

„a", „b" und „c" sind Werte, die sich aus der Haushaltsgröße ergeben (siehe dazu auch Anlage 1 des WoGG).

Die Rechenschritte und Rundungen sind in der Reihenfolge auszuführen, die sich aus der Anlage 3 ergibt.

Wohngeldreform 2020
Zur Dynamisierung später mehr (vgl. Seite 74).

Die Werte aus der Wohngeldformel werden alle zwei Jahre durch Rechtsordnung fortgeschrieben.

Für Haushalte mit mehr als zwölf Familienangehörigen erhöht sich der nach der Wohngeldformel berechnete monatliche Miet- oder Lastenzuschuss um jeweils 51 Euro (ab 01.01.2020, davor waren es 47 Euro) für das 13. und jedes weitere zum Haushalt rechnende Familienmitglied, höchstens jedoch bis zur Höhe der berücksichtigungsfähigen Miete oder Belastung.

Miete

Miete ist das vereinbarte Entgelt für die Gebrauchsüberlassung von Wohnraum aufgrund von Mietverträgen oder ähnlichen Nutzungsvereinbarungen einschließlich Umlagen, Zuschlägen und Vergütungen (§ 9 WoGG).

Wird in einem Mehrfamilienhaus oder einem Geschäftshaus eine Wohnung vom Eigentümer selbst genutzt, ist anstelle der Miete der entsprechende Mietwert für vergleichbaren Wohnraum zugrunde zu legen (§ 9 Abs. 3 WoGG).

Bei einem Heimplatz ist als Miete der zuschussfähige Höchstbetrag zugrunde zu legen. Dies gilt auch für besondere Wohnformen im Sinne des Bundesteilhabegesetzes seit 01.01.2020.

Zur Miete gehören insbesondere folgende Betriebskosten:

- Steuern und öffentliche Lasten des Grundstücks (Grundsteuer)
- Kosten des Wasserverbrauchs (Wasser- und Kanalgebühren)
- Kosten der Abwasser-, Abfall- und Müllbeseitigung
- Kosten der Außenbeleuchtung
- Kosten für einen Aufzug
- Kosten für eine Gemeinschaftsantennenanlage, Breitbandanschlüsse

- Hausmeisterkosten, Kosten der Gebäudereinigung, Kosten der Gartenpflege
- Kosten für die Wartung der Heizung und die Gebühren für den Schornsteinfeger
- Umlagen der Gebäude-, Sach- und Haftpflichtversicherungen

Dies gilt auch, wenn diese Kosten nicht an die vermietende Person, sondern direkt an Dritte, etwa an die Kommune, bezahlt werden.

Nicht zur Miete dagegen gehören nach § 9 Abs. 2 WoGG:

- Warmwasserkosten
- Heizungskosten
- Gas- und Stromkosten, also Kosten der Haushaltsenergie, sofern diese nicht schon in den Kosten für Heizung und Warmwasser berücksichtigt sind
- Kosten für die Überlassung einer Garage oder eines Stellplatzes

Seit der Wohngeldreform 2016 bleiben jegliche Art von Heizkosten sowie Kosten für die Erwärmung von Wasser bei der Ermittlung außer Betracht.

Wohngeldreform 2020
Erst mit der geplanten Änderung durch Einführung einer CO2-Komponente zum 01.01.2021 sollen wieder teilweise die Heizkosten berücksichtigt werden (vgl. Seite 15).

Die Einzelheiten der abzugsfähigen Kosten ergeben sich aus § 6 WoGV unter Bezugnahme auf § 2 BetrKV (Betriebskostenverordnung). Ergeben sich die oben genannten Beträge nicht aus dem Mietvertrag oder entsprechenden Unterlagen, sind Pauschalbeträge abzusetzen, die ebenfalls in § 6 WoGV näher ausgeführt sind.

Belastung

Unter Belastung bei Eigentümer/innen von Eigenheimen, Eigentumswohnungen und anderen Eigentumsformen versteht man die Aufwendungen für die Rückzahlung von aufgenommenem Kapital und für die Bewirtschaftung des Eigentums in vereinbarter oder festgesetzter Höhe. Sie ist in einer besonderen Wohngeld-Lastenberechnung zu ermitteln (§ 10 WoGG).

Zur Belastung gehören:

- Ausgaben für Zinsen, Tilgung usw. sowie für solche Finanzierungen, die dem Bau, der Verbesserung oder dem Erwerb des Eigentums gedient haben
- Instandhaltungskosten, Betriebs- und Verwaltungskosten, soweit sie zur Bewirtschaftung notwendig sind
- Steuern, Abgaben und Versicherungen, soweit sie gesetzlich verpflichtend sind

Zu berücksichtigende Miete bzw. Belastung

Die zu berücksichtigende Miete oder Belastung ist die Summe aus der Miete oder Belastung nach § 11 Abs. 1 Satz 1 Nr. 1 WoGG i. V. m. §§ 2 bis 15 WoGV und ab 01.01.2021 der Betrag zur Entlastung bei den Heizkosten nach § 12 Abs. 6 WoGG, wenn das Wohngeld-CO2-Bepreisungsentlastungsgesetz rechtskräftig wird.

Die zu berücksichtigende Miete bei Heimbewohner/innen ergibt sich aus dem maßgebenden Höchstbetrag nach § 12 Abs. 1 WoGG. Dazu kommt ab 01.01.2021 der Betrag zur Entlastung bei den Heizkosten nach § 12 Abs. 6 WoGG, wenn das Wohngeld-CO2-Bepreisungsentlastungsgesetz rechtskräftig wird. Dies gilt auch für besondere Wohnformen im Sinne des Bundesteilhabegesetzes seit 01.01.2020.

Mietzahlungen oder Belastungen, die aus nachstehenden Gründen gezahlt werden, sind nicht zuschussfähig und bleiben daher außer Betracht. Aus dem Katalog von § 11 Abs. 2 WoGG sind insbesondere praxisrelevant:

- Miete, die auf Wohnraum entfällt, der ausschließlich gewerblich oder beruflich benutzt wird (z. B. Nutzung eines Raums der Wohnung als Büro für eine selbstständige/freiberufliche Tätigkeit).
- Miete, die auf Wohnraum entfällt, der einem anderen entgeltlich überlassen wird (z. B. bei Untervermietung). Dies gilt auch dann, wenn die Wohnung oder einzelne Räumlichkeiten unentgeltlich überlassen werden, aber kein gemeinsames Wohnen (Einstehens- und Verantwortungsgemeinschaft) vorliegt. Übersteigt das Entgelt für die Gebrauchsüberlassung die auf diesen Wohnraum entfallende anteilige Miete oder Belastung, wird das Entgelt in voller Höhe abgesetzt.

- Leistungen Dritter zur Bezahlung der Miete oder zur Aufbringung der Belastung. Dies können sein: Leistungen zur Wohnkostenentlastung nach dem Wohnraumförderungsgesetz, sonstige Zuschüsse im Rahmen des sozialen Wohnungsbaus oder auch Eigenheimzulagen.

Kommen mehrere dieser Sachverhalte innerhalb einer Wohnung vor, ist die Absetzung der Beträge in der Reihenfolge der oben dargestellten Aufzählung vorzunehmen.

Anteilige Berücksichtigung bei Mischhaushalten

§ 11 Abs. 3 WoGG regelt die anteilige Berücksichtigung von Miete bzw. Belastung, wenn im Haushalt sowohl wohngeldberechtigte als auch aufgrund von Transferleistungen vom Wohngeld ausgeschlossene Haushaltsmitglieder wohnen.

Hier wird nur der Anteil an der Miete bzw. der Belastung berücksichtigt, der nach Köpfen dem Anteil der wohngeldberechtigten Haushaltsmitglieder an der Gesamtzahl der Personen des Haushalts entspricht.

Beispiel:

Die Ehegatten Gustav und Eva A. wohnen mit der Mutter und dem Vater von Eva in einer Wohnung in einer Gemeinde, in der die Mietstufe VI gilt. Gustav bezieht Arbeitslosengeld II, Eva hat einen Mini-Job. Die Mutter von Eva hat eine Beschäftigung am Fließband einer Schokoladenfabrik, der Vater bezieht bereits Altersrente.

Gustav und Eva bilden nach SGB II eine Bedarfsgemeinschaft, erhalten deshalb Transferleistungen und sind daher vom Wohngeldbezug ausgeschlossen.

Die Eltern von Eva haben dem Grunde nach einen Wohngeldanspruch.

1. Schritt: Ermittlung des Gesamthöchstbetrags des Mietzuschusses

Es liegt ein Mischhaushalt mit vier Personen vor. Nach der Tabelle in § 12 Abs. 1 WoGG (siehe unten) beträgt der Höchstbetrag bei Mietstufe VI und vier Personen 968 Euro.

2. Schritt: Teilung dieses Gesamthöchstbetrags durch die Gesamtzahl der Personen des Mischhaushalts

Dies ergibt eine Zwischensumme von 242 Euro.

3. Schritt: Multiplikation dieser errechneten Zwischensumme mit den zum wohngeldberechtigten Haushalt rechnenden Familienmitgliedern

Wohngeldberechtigte Familienmitglieder in diesem Haushalt sind der Vater und die Mutter von Eva. Der Höchstbetrag für diese beiden wohngeldberechtigten Familienmitglieder beträgt also 484 Euro.

Höchstbeträge

Wohngeld wird nur bis zu einem bestimmten Höchstbetrag geleistet.

Die Höchstbeträge für Miete und Belastung sind in der Anlage 1 WoGG festgelegt. Die Anlage erfasst folgende Merkmale:

- Anzahl der zu berücksichtigenden Haushaltsmitglieder
- Mietenstufe der Wohnorts; es wird zwischen sieben Mietenstufen unterschieden
- Höchstbetrag in Euro

Wohngeldreform 2020
Zum 01.01.2020 wurde eine neue Mietenstufe VII eingeführt, um Haushalten in Gemeinden (ab 10.000 Einwohnern) und Kreisen (mit Gemeinden unter 10.000 Einwohnern und gemeindefreien Gebieten) mit besonders hohen Mietniveaus gezielter bei den Wohnkosten zu entlasten.
Die Höchstbeträge der Mietstufen I bis VI werden wie folgt angehoben:

- Mietstufe I um 8,2 Prozent
- Mietstufe II um 8,5 Prozent
- Mietstufe III um 8,9 Prozent
- Mietstufe IV um 10,0 Prozent
- Mietstufe V um 9,0 Prozent
- Mietstufe VI um 10,2 Prozent

Haushaltsmitglieder	Mietenstufe	Höchstbetrag in Euro
1	I	338
	II	381
	III	426
	IV	478
	V	525
	VI	575
	VII	633
2	I	409
	II	461
	III	516
	IV	579
	V	636
	VI	697
	VII	767
3	I	487
	II	549
	III	614
	IV	689
	V	757
	VI	830
	VII	912
4	I	568
	II	641
	III	716
	IV	803
	V	884
	VI	968
	VII	1.065
5	I	649
	II	732
	III	818
	IV	918
	V	1.010
	VI	1.106
	VII	1.217

Haushaltsmitglieder	Mietenstufe	Höchstbetrag in Euro
Mehrbetrag für jedes weitere zu berücksichtigende Haushaltsmitglied	I II III IV V VI VII	77 88 99 111 121 139 153

Nur bis zu den in der Tabelle (Anlage 1) festgelegten Höchstgrenzen ist eine Miete oder im Fall eines Eigenheims eine Belastung zuschussfähig.

Die Zugehörigkeit einer Gemeinde zu einer Mietenstufe richtet sich nach dem jeweiligen Mietniveau. Dieses wird vom Statistischen Bundesamt festgestellt.

Den Mietstufen sind folgende Mietniveaus zugeordnet (§ 12 Abs. 5 WoGG):

Mietenstufe	Mietenniveau
I	niedriger als – 15 Prozent
II	– 15 Prozent bis niedriger als – 5 Prozent
III	– 5 Prozent bis niedriger als 5 Prozent
IV	5 Prozent bis niedriger als 15 Prozent
V	15 Prozent bis niedriger als 25 Prozent
VI	25 Prozent bis niedriger als 35 Prozent
VII	35 Prozent und höher

Die Mietstufen selbst können dem Anhang der Wohngeldverordnung entnommen werden. Die Gemeinden und Kreise sind dort nach Bundesländern mit der dazu festgelegten Mietstufe aufgeführt.

Wohngeldreform 2020: Dynamisierung des Wohngelds

Ein wichtiger Teil der Wohngeldreform betrifft die erstmals eingeführte Dynamisierung, festgelegt in § 43 WoGG. Dazu wird die Ermächtigung der Bundesregierung, mit Zustimmung des Bundesrats, eine Verordnung zu erlassen (§ 38 WoGG) dahingehend erweitert, dass die Höchstbeträge für Miete und Belastung (Anlage 1) und die Werte für „b" und „c" (Anlage 2) aus der Wohngeldformel (Seite 66) alle zwei Jahre fortgeschrieben werden. Diese Fortschreibung kann durch einen Beschluss des Bundestags ausgesetzt werden, wenn die weiteren Entwicklungen auf dem Wohnungsmarkt dazu führen, dass grundlegende Anpassungen des Wohngeldsystems erforderlich sind, wie zum Beispiel eine Neufestsetzung der Mietenstufen in den Gemeinden und Kreisen aufgrund veränderter Mietenniveaus, die Einführung weiterer Mietenstufen oder eine Neufestsetzung der Rechenschritte und Rundungen. Die erste Fortschreibung ist für den 01.01.2022 vorgesehen.

Welche Komponenten der Wohngeldformel verändert werden dürfen, ist in § 43 WoGG festgelegt. Vorausgegangen war die Untersuchung mehrerer Modelle möglicher Fortschreibung, die das Institut der deutschen Wirtschaft Köln e.V. (IW Köln) im Auftrag des Bundesministeriums des Innern durchgeführt hat.

Nach Erörterungen mit den für die Durchführung des WoGG zuständigen Ländern bestand Konsens darüber, dass eine zweijährliche Fortschreibung des Wohngelds angezeigt ist, die nur bestimmte Berechnungsgrößen des Wohngelds umfasst.

Die Werte für „b" und „c", die Parameter der Wohngeldformel darstellen (§ 19 Abs. 1 WoGG), werden derart angepasst, dass reale Wohnkostenbelastungen nicht durch nominelle Steigerungen von Preisen und Mieten zunehmen. Konkret werden der Parameter „b" der Wohngeldformel mit den bruttokalten Mietsteigerungen und der Parameter „c" der Wohngeldformel mit den allgemeinen Preissteigerungen abgezinst. Die Höchstbeträge für Miete und Belastung werden mit den bruttokalten Mietsteigerungen fortgeschrieben. Zur Bestimmung der Mietsteigerungen und des allgemeinen Preisanstiegs wird der Verbraucherpreisindex (VPI) des Statistischen Bundesamts sowohl insgesamt als auch der Teilindex des VPI für Nettokaltmiete und Wohnungsnebenkosten herangezogen. Der VPI für Deutschland misst die durchschnittliche Preisentwicklung aller Waren und Dienstleistungen, die private Haushalte für Konsumzwecke kaufen, und ist zentraler Indikator zur Beurteilung der Geldwertentwicklung in Deutschland. Die Veränderung des VPI bildet die sogenannte Inflationsrate ab. Die Jahresdurchschnittswerte des VPI und seiner Teilindizes sind zu Jahresbeginn verfügbar.

Anpassungen der Mietenstufen sind nicht Bestandteil der Fortschreibung, da es hierbei auch zu Herabstufungen von Gemeinden und Kreisen kommt, die aufgrund eines niedrigeren Miethöchstbetrags ein geringeres Wohngeld zur Folge haben. Sollte eine Anpassung der Mietenstufen erforderlich werden, kann jedoch der Bundestag gemäß § 38 Nr. 4 Satz 2 WoGG die Fortschreibung aussetzen und die Mietenstufen anpassen.

Gesamteinkommen

Die Wohngeldbehörde hat bei der Einkommensermittlung in allen Fällen von Amts wegen zu prüfen, ob die Einnahmen auch nach Abzug von Aufwendungen (z. B. von zukünftig zu tätigenden Unterhaltsleistungen) ausreichen, um den Lebensunterhalt der zu berücksichtigenden Haushaltsmitglieder zu bestreiten. Erst dann wird ein Zuschuss zur Miete bzw. zu den Belastungen gezahlt. Wird das Mindesteinkommen unterschritten, wird kein Wohngeld gezahlt. Stattdessen verweist die Behörde auf andere existenzsichernde Leistungen.

Wichtig: Aufgrund der Ausführungen in der Verwaltungsvorschrift zum Wohngeldgesetz (WoGVwV 2017 zu § 15, 15.01) kann folgende Faustformel angewendet werden: Die zur Verfügung stehenden Einnahmen zuzüglich eines zu leistenden Wohngelds müssen 80 Prozent des Bedarfs nach dem SGB XII (Regelbedarf plus ggf. Mehrbedarfe) erreichen.

Die Wohngeldbehörde ermittelt dazu das monatliche Gesamteinkommen aller zu berücksichtigenden Haushaltsmitglieder.

Das Gesamteinkommen nach § 13 WoGG ist dabei die Summe der Jahreseinkommen der zu berücksichtigenden Haushaltsmitglieder.

Davon werden abgezogen:

- Freibeträge
- Unterhaltsleistungen

Um zum monatlichen Gesamteinkommen zu gelangen, wird das so ermittelte Jahreseinkommen durch zwölf geteilt.

Jahreseinkommen

Bei der Ermittlung des Jahreseinkommens ist das Einkommen zugrunde zu legen, das im Zeitpunkt der Antragstellung im Bewilligungszeitraum zu erwarten ist. Der Antragsteller muss also eine Prognose abgeben, welches Einkommen im Bewilligungszeitraum im zu berücksichtigenden Haushalt zu erwarten ist.

Zum Jahreseinkommen gehören die positiven Einkünfte im Sinne des § 2 Abs. 1 und 2 EStG (Einkommensteuergesetz). Dabei sind folgende Einkunftsarten zu berücksichtigen (§ 14 Abs. 2 WoGG):

Der Gewinn abzüglich Betriebsausgaben aus

- Einkünften aus Land- und Forstwirtschaft,
- Einkünften aus Gewerbebetrieb oder
- Einkünften aus selbstständiger Arbeit.

Der Überschuss der Einnahmen über die Werbungskosten aus

- Einkünften aus nichtselbstständiger Arbeit,
- Einkünften aus Kapitalvermögen,
- Einkünften aus Vermietung und Verpachtung (nicht für einen Teil des Wohnraums, für den Wohngeld beantragt wird bzw. das Entgelt, das eine den Wohnraum mitbewohnende Person hierfür zahlt) oder
- sonstigen Einkünften im Sinne des § 22 EStG (z. B. Ehegattenunterhalt).

Werbungskosten können wie im Steuerrecht üblich abgezogen werden. Werden keine Werbungskosten angegeben, wird bei nichtselbstständiger Arbeit ein Pauschalbetrag von 1.000 Euro berücksichtigt, bei sonstigen Einkünften ein Pauschalbetrag von 102 Euro.

Pauschal besteuerter Arbeitslohn

Mit der Wohngeldreform wurde klargestellt, dass nach dem Einkommensteuergesetz vom Arbeitgeber/von der Arbeitgeberin pauschal besteuerter Arbeitslohn ebenfalls zu den Einkünften aus nichtselbstständiger Arbeit gehört und damit zum wohngeldrechtlichen Jahreseinkommen zählt. Damit wird das Urteil des Bundesfinanzhofs vom 16.10.2013 (Az. VI R 57/11) umgesetzt.

Die Pauschalierung der Lohnsteuer ist zulässig für kurzfristig Beschäftigte, für geringfügig Beschäftigte (Mini-Job) und für Aushilfskräfte in der Land- und Forstwirtschaft.

Zu den pauschal besteuerten Einnahmen zählen Sachzuwendungen, Fahrtkostenzuschüsse oder auch Vergütungen für Verpflegungsmehraufwendungen.

Für diese Einnahmen können keine Werbungskosten geltend gemacht werden.

Ein Ausgleich mit negativen Einkünften aus verschiedenen Einkunftsarten oder mit negativen Einkünften des/der zusammenveranlagten Ehegatten/Ehegattin ist nicht zulässig.

Wichtig: Bei der Antragstellung sind immer die monatlichen Brutto-Einnahmen anzugeben.

Weitere zu berücksichtigende Einnahmen

In § 14 Abs. 2 WoGG werden zusätzlich Einnahmen definiert, die zum Einkommen zählen. Dies sind nach § 3 EStG steuerfreie Einkünfte, die bei der Ermittlung des Gesamteinkommens voll oder teilweise bei der Wohngeldberechnung angerechnet werden, da sie dem Haushalt zur Lebensführung zur Verfügung stehen.

Wichtig: Weitere steuerfreie Einnahmen nach § 3 EStG, die im Katalog von § 14 Abs. 2 WoGG nicht aufgeführt sind, dürfen in die Wohngeldberechnung nicht einfließen. Dies gilt insbesondere für Kinder- oder Elterngeld.

Einnahmen nach dem Katalog von § 14 Abs. 2 WoGG sind insbesondere:

- Renten und Pensionen (z. B. Ruhegehalt, Witwen- oder Waisengeld, Unterhaltsbeitrag oder wegen Erreichens einer Altersgrenze,

Berufsunfähigkeit, Erwerbsunfähigkeit oder als Hinterbliebenenbezüge gewährte Vorteile aus früheren Dienstleistungen); zu berücksichtigen ist der nach dem Einkommensteuergesetz steuerfreie Anteil

- Versorgungsbezüge bzw. Renten nach dem Bundesversorgungsgesetz bzw. analog dazu an Wehrdienstbeschädigte, im freiwilligen Wehrdienst Beschädigte, Zivildienstbeschädigte und im Bundesfreiwilligendienst Beschädigte oder ihre Hinterbliebenen, Kriegsbeschädigte und Kriegshinterbliebene; auch Unfallfürsorgeleistungen an Beamte/Beamtinnen nach §§ 32 bis 35 BeamtVG, Unterhaltsbeiträge nach §§ 40 und 41 BeamtVG oder auch Dienstbeschädigungsvollrenten und die Dienstbeschädigungsrenten nach den Versorgungsordnungen der Nationalen Volksarmee
- Kapitalabfindungen aufgrund der gesetzlichen Rentenversicherung und der Beamten-(Pensions-)Gesetze
- Verletztenrenten, Beihilfen und Abfindungen aus der gesetzlichen Unfallversicherung, etwa Renten wegen Minderung der Erwerbsfähigkeit nach § 56 ff. SGB VII, Leistungen an Hinterbliebene nach § 63 ff. SGB VII (z. B. Witwen-/Witwergeld, Waisengeld) oder Abfindungen nach § 75 ff. SGB VII
- Lohnersatzleistungen nach dem SGB III:
  - Arbeitslosengeld oder Teilarbeitslosengeld
  - Zuschüsse zum Arbeitsentgelt
  - Kurzarbeitergeld
  - Winterausfallgeld
  - Insolvenzgeld
  - Übergangsgeld, auch Altersübergangsgeld und ein Altersübergangsgeld-Ausgleichsbetrag
  - Unterhaltsgeld, das als Zuschuss gezahlt wird
  - Eingliederungshilfen
- Lohnersatzleistungen nach SGB V (gesetzliche Krankenversicherung), SGB VI (gesetzliche Rentenversicherung), SGB VII (gesetzliche Unfallversicherung), dem Gesetz über die Krankenversicherung der Landwirte oder dem Zweiten Gesetz über die Krankenversicherung der Landwirte, wie z. B. Krankengeld, Verletztengeld, Übergangsgeld

- auch Lohnersatzleistungen aus anderen Vorschriften fallen unter die Einkommensanrechnung, insbesondere:
  - Mutterschaftsgeld, Zuschuss zum Mutterschaftsgeld, die Sonderunterstützung nach dem Mutterschutzgesetz sowie für Beamtinnen der Zuschuss nach § 4a der Mutterschutzverordnung oder einer entsprechenden Landesregelung
  - Mutterschaftsgeld nach § 24i SGB V
  - Arbeitslosenbeihilfe oder Arbeitslosenhilfe nach dem Soldatenversorgungsgesetz
  - Entschädigungen für Verdienstausfall nach dem Infektionsschutzgesetz
  - Versorgungskrankengeld oder Übergangsgeld nach dem Bundesversorgungsgesetz
  - Verdienstausfallentschädigung nach dem Unterhaltssicherungsgesetz
- jeweils die Hälfte der Unterhaltshilfe und Beihilfe zum Lebensunterhalt nach dem Lastenausgleichsgesetz, nach dem Reparationsschädengesetz und nach dem Flüchtlingshilfegesetz
- Krankentagegelder aus einer gesetzlichen oder privaten Krankenversicherung, einer gesetzlichen oder privaten Pflegeversicherung und aus der gesetzlichen Unfallversicherung
- jeweils die Hälfte der Renten für durch Anti-D-Immunprophylaxe mit dem Hepatitis-C-Virus infizierte Personen (§ 3 Abs. 2 Anti-D-Hilfegesetz)
- Zuschläge für Sonntags-, Feiertags- und Nachtarbeit
- Arbeitgeberzuwendungen zur betrieblichen Altersversorgung (steuerfreie Zuwendungen des Arbeitgebers an eine Pensionskasse, Direktversicherung usw.)
- Sparer-Pauschbetrag auf Einkünfte aus Kapitalvermögen (100 Euro bleiben frei)
- erhöhte Absetzungen und Sonderabschreibungen
- Grundbetrag der Produktionsaufgaberente und das Ausgleichsgeld nach dem Gesetz zur Förderung der Einstellung landwirtschaftlicher Erwerbstätigkeit
- Leistungen aus öffentlichen Mitteln an Arbeitnehmer/innen, unter anderem des Steinkohlenbergbaus und des Braunkohlentiefab-

baus und der Eisen- und Stahlindustrie aus Anlass von Stilllegungs-, Einschränkungs-, Umstellungs- oder Rationalisierungsmaßnahmen

Wohngeldreform 2020
Pflegebedürftige Personen, die von einer natürlichen Person, die kein Haushaltsmitglied ist, oder von einer juristischen Person Bezüge erhalten und die dieses Geld für eine Pflegeperson oder Pflegekraft aufwenden, erhalten für diese Aufwendung einen anrechnungsfreien Betrag bei der wohngeldrechtlichen Einkommensermittlung bis zu einer Höhe von 6.540 Euro jährlich (vorher: 4.800 Euro; § 14 Abs. 2 Nr. 19a SGB XI).

Den gleichen Freibetrag – 6.540 Euro – gibt es auch bei Unterhaltsleistungen des/der geschiedenen oder dauernd getrennt lebenden Ehegatten/Ehegattin, die für eine Pflegeperson oder Pflegekraft geleistet werden, die den Empfänger/die Empfängerin wegen eigener Pflegebedürftigkeit im Sinne des § 14 SGB XI (Sozialgesetzbuch – Elftes Buch) pflegt (§ 14 Abs. 2 Nr. 20 SGB XI).

Auch für regelmäßige Geldleistungen, etwa von gemeinnützigen Organisationen oder Stiftungen, aber auch von Privatpersonen, wenn sie nicht im selben Haushalt wohnen, gibt es einen Freibetrag von 480 Euro jährlich, der nicht zum wohngeldrechtlichen Einkommen zählt (§ 14 Abs. 2 Nr. 19b SGB XI).

- Unterhaltsleistungen bei Trennung und Scheidung, Versorgungsleistungen (Versorgungsausgleich, Ausgleichsleistungen)
- Leistungen nach dem Unterhaltsvorschussgesetz
- die Hälfte des Aufwendungsersatzes bzw. der Erziehungskostenanteile für Tagespflegepersonen (Tagesmütter) nach dem SGB VIII bei Tagespflege oder Vollzeitpflege
- die Hälfte der Leistungsanteile für den Unterhalt von Kindern, Jugendlichen oder jungen Volljährigen nach dem SGB VIII (z. B. sozialpädagogisch begleitete Wohnformen im Rahmen der schulischen und beruflichen Ausbildung bzw. Eingliederung nach § 13 Abs. 3 Satz 2 SGB VIII oder Mutter/Vater-Kind-Einrichtung nach § 19 Abs. 3 SGB VIII)
- Steuerfreie Einnahmen zu körperbezogenen Pflegemaßnahmen, pflegerischen Betreuungsmaßnahmen oder Hilfen bei der Haushaltsführung: Anrechenbar ist die Hälfte des Pflegegelds nach § 37 SGB XI, wenn die Hilfe von Pflegenden durchgeführt wird, die keine

Wohn- und Wirtschaftsgemeinschaft mit dem Pflegebedürftigen führen. Pflegegeld, das im Haushalt lebende Angehörige erhalten, wird dagegen bei der Wohngeldberechnung nicht berücksichtigt.

- die Hälfte der Ausbildungsförderungsleistungen, wie Berufsausbildungsbeihilfen und Ausbildungsgeld nach dem SGB III, BAföG-Leistungen, Leistungen nach dem Aufstiegsfortbildungsförderungsgesetz (AFBG) und der Begabtenförderungswerke, Stipendien, Leistungen zur Sicherung des Lebensunterhaltes für MobiPro-EU Teilnehmende

Aber:
Zusatzleistungen in Härtefällen bei BAföG-Empfängern (§ 14a BAföG i. V. m. §§ 6 und 7 HärteV) sollen nicht zum wohngeldrechtlichen Einkommen zählen. Diese Leistungen dienen der Deckung besonderer Aufwendungen der Auszubildenden, wie etwa der ausbildungsbedingten Mehrkosten für die Internatsunterbringung von Auszubildenden mit einer Behinderung. Daraus dürfen den Betroffenen keine Nachteile entstehen. In dem Fall, in dem die Leistungen als Eingliederungshilfe für Menschen mit Behinderungen gemäß §§ 53, 54 SGB XII erbracht worden wären, hätten sie wohngeldrechtlich nicht zum Einkommen gezählt. Um diese Ungleichheit zu beseitigen, wurde § 14 Abs. 2 Nr. 27 WoGG mit Geltung ab 01.01.2016 entsprechend geändert.

- Zuschüsse der Graduiertenförderung (meist Promotionsstipendien, wegen Projektbezogenheit werden Forschungsbeihilfen, Druckkostenzuschüsse, Reisekostenzuschüsse nicht angerechnet)
- die Hälfte der Zuwendungen, die aufgrund des Fulbright-Abkommens an Studierende, Austauschlehrer/innen und Wissenschaftler/innen gezahlt werden
- zum Lebensunterhalt bestimmte Transferleistungen nach § 7 Abs. 1 Nr. 1 bis 9 WoGG unabhängig davon, ob bei deren Berechnung Kosten der Unterkunft berücksichtigt worden sind. Davon gibt es nach § 14 Abs. 3 Nr. 30 WoGG folgende Ausnahmen, die mit der Wohngeldreform 2016 neu formuliert wurden:
  - in den Transferleistungen enthaltene Kosten der Unterkunft, wenn diese nicht für den Wohnraum gewährt werden, für den Wohngeld beantragt wurde,

Hintergrund der einschränkenden Einkommensanrechnung sind die Fälle von Kindern bei getrennt lebenden Eltern, die annähernd gleich betreut werden (paritätisches Wechselmodell, siehe S. 35). Sie zählen bei beiden Elternteilen zum wohngeldrechtlichen Haushalt. Die Kosten der Unterkunft sind für die Deckung der anteiligen Miete im Haushalt des anderen Elternteils bestimmt und nicht für den wohngeldrechtlichen Haushalt.

- Kinder- und Jugendhilfeleistungen, wie oben in dieser Aufzählung aufgeführt (Aufwendungsersatz, Erziehungskostenanteile für Tagespflegepersonen, SGB VIII-Leistungsanteile für den Unterhalt)
- Sozialgeld, das ein zu berücksichtigendes Kind als Mitglied der Bedarfsgemeinschaft im Haushalt des getrennt lebenden anderen Elternteils anteilig erhält,
- Hilfe zum Lebensunterhalt, das ein nach dem Dritten Kapitel des SGB XII leistungsberechtigtes Kind im Haushalt des getrennt lebenden Elternteils anteilig erhält,

Auch hier geht es um Fälle, in denen ein Kind im pariätischen Wechselmodell betreut wird. In diesen Fällen bezieht der getrennt lebende andere Elternteil zum Beispiel Leistungen nach dem SGB II und das Kind erhält daher als Mitglied der Bedarfsgemeinschaft für die Dauer des Aufenthalts in diesem Haushalt anteilig Sozialgeld nebst Kosten der Unterkunft.

In Haushalten mit SGB XII-Bezug erhält das Kind anteilig für die Dauer des Aufenthalts Hilfe zum Lebensunterhalt nebst Kosten der Unterkunft. Sowohl die Kosten der Unterkunft als auch das anteilige Sozialgeld bzw. die anteilige Hilfe zum Lebensunterhalt kommen dem wohngeldrechtlichen Haushalt des wohngeldberechtigten Elternteils nicht zugute.

Die Nichtanrechnung ist – laut Gesetzesbegründung – auch noch vor dem folgenden Hintergrund sachgerecht: Bei getrennt lebenden Eltern, die gegenseitig nicht unterhaltspflichtig sind und die keine Transferleistungen erhalten, werden weder der Barunterhalt gegenüber dem Kind noch das Einkommen des anderen Elternteils als Einkommen des Wohngeldhaushalts angerechnet.

– Leistungen, die in den Fällen des § 7 Abs. 1 Satz 3 oder Abs. 2 Satz 2 WoGG erbracht werden, in denen kein Ausschluss vom Wohngeld besteht (Rückausschlussfälle, siehe S. 48 ff.). Um die Prüfung zu ermöglichen, ob Hilfebedürftigkeit durch Wohngeld vermieden bzw. beseitigt werden kann, wird während des Doppelbezugs von Transferleistung und Wohngeld die nachrangige Transferleistung nicht als Einkommen angerechnet. Auch gewährtes Darlehen wird nicht als Einkommen angerechnet.

Einmalige Einnahmen

Einmaliges Einkommen, das für einen bestimmten Zeitraum bezogen wird, ist diesem Zeitraum zuzurechnen (§ 15 Abs. 1 WoGG). Das kann etwa sein eine Gehalts-, Renten-, Unterhaltsnachzahlung oder eine Entlassungsentschädigung in Form einer Abfindung.

Wichtig: Kein einmaliges Einkommen sind Arbeitgeberleistungen, die einmal im Jahr in einer Summe ausgezahlt werden, wie Urlaubsgeld, Weihnachtsgeld, 13. Monatsgehalt, sonstige Gratifikationen. Sie gehören zum Jahreseinkommen, auch wenn sie nicht im Bewilligungszeitraum ausgezahlt werden.

Vor der Wohngeldreform 2016 war die Aufteilung einmaligen Einkommens auf drei Jahre nach dem Zuflussmonat nur auf Abfindungen, Entschädigungen oder ähnliche Leistungen im Zusammenhang mit der Beendigung eines Arbeitsverhältnisses (Entlassungsentschädigung) möglich.

Seit der Wohngeldreform werden alle einmaligen Einkommen gleich behandelt und die Aufteilung jeweils zu einem Drittel in den drei Jahren nach dem Zuflussmonat auch auf alle anderen einmaligen Einkommen ausgedehnt.

Als Beispiel für einmalige Einnahmen nannte die Gesetzesbegründung kapitalisierte Rentenabfindungen oder Unterhaltsabfindungen, für die kein bestimmter Zurechnungszeitraum festgelegt oder vereinbart ist. Dagegen sei ein bestimmter Zurechnungszeitraum für den Zeitraum festgelegt, für den die Bundesagentur für Arbeit das Ruhen des Anspruchs auf Arbeitslosengeld wegen des Anspruchs auf eine Entlassungsentschädigung festgestellt hat (§ 158 SGB III).

Bezüglich der Abzugsbeträge für Steuern und Sozialversicherungsbeiträge (§ 16 WoGG) wird bei diesen in der Regel auf drei Jahre aufgeteilten einmaligen Einkommen nun in jedem Jahr der Zurechnung auch der Abzug auf den dann noch angerechneten Betrag gewährt. Diesbezüglich wurde § 16 Abs. 1 WoGG mit der Wohngeldreform 2016 entsprechend geändert.

Pauschale Abzugsbeträge für Steuern und Sozialversicherungsbeiträge

Vom Jahreseinkommen werden für jedes Haushaltsmitglied jeweils 10 Prozent abgezogen (§ 16 Abs. 1 WoGG) für die Leistung von:

- Steuern vom Einkommen
- Pflichtbeiträgen zur gesetzlichen Kranken- und Pflegeversicherung
- Pflichtbeiträgen zur gesetzlichen Rentenversicherung

Dadurch wird berücksichtigt, dass die entsprechenden Steuern und Pflichtbeiträge den Wohngeldempfängern nicht für ihre Lebensführung bzw. ihre Wohnkosten zur Verfügung stehen.

Die Abzugsposten summieren sich. Werden Steuern gezahlt und sowohl Pflichtbeiträge für die Kranken-/Pflegeversicherung als auch die Rentenversicherung gezahlt, sind 30 Prozent absetzbar, werden keine Steuern, aber Beiträge zur Kranken-/Pflegeversicherung und Rentenversicherung gezahlt, sind 20 Prozent absetzbar.

Wichtig: Bei der Antragstellung sind diese Abzugsposten durch Bescheinigungen des Arbeitgebers, Einkommensteuerbescheiden, Vorauszahlungsbescheiden, Beitrags- oder Rentenbescheinigungen usw. nachzuweisen. Basierend auf diesen Angaben nimmt die Wohngeldbehörde eine Prognose für den Bewilligungszeitraum vor.

Freibeträge

Wohngeldreform 2020
Der Schwerbehindertenfreibetrag wird von 1.500 Euro auf 1.800 Euro erhöht.

Vom Jahreseinkommen der zu berücksichtigenden Haushaltsmitglieder können zudem folgende Freibeträge nach § 17 WoGG abgezogen werden:

- Bei schwerbehinderten Menschen in Höhe von 1.800 Euro bei Vorliegen
  - eines Grads der Behinderung (GdB) von 100 oder
  - eines GdB von unter 100 und Pflegebedürftigkeit im Sinne von § 14 SGB XI und gleichzeitiger häuslicher oder teilstationärer Pflege oder Kurzzeitpflege.
- Bei Opfern der nationalsozialistischen Verfolgung oder diesen Gleichgestellten in Höhe von 750 Euro.
- Für Alleinerziehende ein Kinderfreibetrag in Höhe von 1.320 Euro, wenn mindestens ein betreutes Kind minderjährig ist und Kindergeld oder eine Leistung nach § 65 Abs. 1 EStG gewährt wird.
- Für Kinder und junge Erwachsene bis 25 Jahre ein Betrag in Höhe der eigenen Einnahmen aus Erwerbstätigkeit, höchstens jedoch 1.200 Euro.

Die Freibetragsregelung in § 17 WoGG wurde durch die Wohngeldreform 2016 sowohl inhaltlich wie auch finanziell umgestaltet. Hier Auszüge aus der Gesetzesbegründung (18/4897, S. 91 ff.):

§

Alleinerziehenden-Freibetrag

Voraussetzung für den Freibetrag ist weiterhin, dass die alleinerziehende Person ausschließlich mit einem oder mehreren Kindern Wohnraum gemeinsam bewohnt und dass sie für eines dieser Kinder Kindergeld nach dem Einkommensteuergesetz, dem Bundeskindergeldgesetz oder eine Leistung nach § 65 Abs. 1 Satz 1 EStG (andere Leistung für Kinder statt Kindergeld) erhält.

Der Freibetrag berücksichtigt seit 01.01.2016, dass eine erwachsene Person allein im wohngeldrechtlichen Haushalt für die Pflege und Erziehung von einem oder mehreren Kindern unter 18 Jahren Sorge trägt. Die damit verbundenen höheren Kosten der Lebensführung werden auch im SGB II als Mehrbedarf berücksichtigt (§ 21 Abs. 3 SGB II). Wie auch im Steuerrecht findet er nun als Einmalbetrag je Haushalt Berücksichtigung, wenn die alleinerziehende Person selbst zu berücksichtigendes Haushaltsmitglied ist.

Eine Abwesenheit der alleinerziehenden Person von der gemeinsamen Wohnung wegen Erwerbstätigkeit oder Ausbildung ist nicht mehr erforderlich. Die Kinderbetreuungskosten aller Eltern mit steuerbaren Einkünften können – ob erwerbstätig oder nicht – im Rahmen der wohngeldrechtlichen Einkommensermittlung ohnehin nach § 14 Abs. 1 Satz 1 WoGG i. V. m. § 2 Abs. 5a Satz 2 und § 10 Abs. 1 Nr. 5 EStG berücksichtigt werden.

Weitere Voraussetzung ist, dass mindestens eines der mit der alleinerziehenden Person zusammen wohnenden Kinder minderjährig ist. Zählen auch volljährige Kinder zum Haushalt, führt dies nicht mehr zum Wegfall des Freibetrags. Dies trägt dem Umstand Rechnung, dass volljährige Geschwister die alleinerziehende Person nicht unbedingt wie ein Partner bei der Betreuung der minderjährigen Geschwister unterstützen. Zudem wird die Altersgrenze für Kinder von unter 12 Jahre auf unter 18 Jahre erhöht und orientiert sich damit an der Regelung im SGB II (§ 21 Abs. 3 SGB II).

Höhe und Ausgestaltung des Freibetrags orientieren sich am Entlastungsbetrag für Alleinerziehende im Einkommensteuerrecht (§ 24b EStG, Rechtsstand 01.01.2015). Insgesamt ist damit eine Besserstellung von Alleinerziehenden im Wohngeld verbunden.

Freibetrag für Kinder

Mit der Wohngeldreform 2016 wurde der Freibetrag für Kinder mit eigenen Einnahmen inhaltlich umgestaltet und von 600 Euro auf 1.200 Euro jährlich erhöht.

Abzugsbeträge für Unterhaltsleistungen

Auch Aufwendungen zur Erfüllung gesetzlicher Unterhaltsverpflichtungen sind nach § 18 WoGG ein Abzugsposten vom Gesamteinkommen. Diese können entweder in voller Höhe bis zu dem in einer notariell beurkundeten Unterhaltsvereinbarung festgelegten oder in einem Unterhaltstitel oder Bescheid festgestellten Betrag berücksichtigt werden.

Liegen eine notariell beurkundete Unterhaltsvereinbarung, ein Unterhaltstitel oder ein Bescheid nicht vor, sind folgende Pauschbeträge abzuziehen:

- bis zu 3.000 Euro für ein Haushaltsmitglied, das auswärts untergebracht ist und sich in Berufsausbildung befindet

  Als Berufsausbildung ist jede Ausbildung anzusehen, welche die zur Ausübung eines künftigen Berufs notwendigen fachlichen Fertigkeiten und Kenntnisse in einem geordneten Ausbildungsgang vermittelt. Darunter fallen insbesondere der Besuch von allgemeinbildenden und beruflichen Schulen und von Hochschulen einschließlich der Vorbereitung auf eine Promotion, die Ausbildung für einen anerkannten Ausbildungsberuf, die berufliche Fortbildung, bzw. berufliche Umschulung von Menschen mit Behinderungen, die Teilnahme an berufsvorbereitenden Bildungsmaßnahmen.
- bis zu 3.000 Euro für ein Kind, das bei beiden getrennt lebenden oder geschiedenen Elternteilen Haushaltsmitglied bei geteiltem Sorgerecht ist
- bis zu 6.000 Euro für eine/n nicht zum Haushalt rechnende/n frühere/n oder dauernd getrennt lebende/n Ehegattin/Ehegatten
- bis zu 3.000 Euro für eine sonstige nicht zum Haushalt rechnende Person

Besteht eine gesetzliche Unterhaltspflicht gegenüber mehreren Personen, kann für jede unterhaltene Person je ein Betrag bis zum jeweiligen Höchstbetrag abgesetzt werden (sog. Mehrfachabsetzung).

Auch der Ausgleich für Vorausleistung an ein Bundesland aufgrund von § 7 UhVorschG (Unterhaltsvorschussgesetz) stellt ebenfalls eine Aufwendung zur Erfüllung der gesetzlichen Unterhaltspflicht dar und kann entsprechend abgezogen werden (WoGVwV 2016 zu § 7).

Antrag, Bewilligung, Verfahren

Antrag und Bescheid 90
Vorschussweise Gewährung von Wohngeld 90
Bewilligungszeitraum 91
Auszahlung des Wohngelds 91
Änderung der Voraussetzungen während des Bewilligungszeitraums 92
Wegfall des Wohngeldanspruchs 94
Datenabgleich 95
Erstattungsansprüche der Sozialleistungsträger untereinander .. 96

Antrag und Bescheid

Wohngeld wird nur gezahlt, wenn ein Antrag gestellt wurde (§ 22 WoGG). Der Antrag muss von einer wohngeldberechtigten Person gestellt werden. Erfüllen mehrere Haushaltsmitglieder diese Voraussetzungen, können diese nach § 3 Abs. 3 WoGG wählen, wer Wohngeldberechtigte/r sein soll.

Wichtig: Der Antrag kann auch von dem Haushaltsmitglied gestellt werden, das vom Wohngeld ausgeschlossen ist, sofern es wohngeldberechtigt ist.

4

Der Antrag ist vom Berechtigten bei der zuständigen Stelle zu stellen, die nach Landesrecht bestimmt wird. In der Regel sind die Wohnungsämter in den Stadtverwaltungen bzw. Landratsämtern zuständig.

Zur Durchführung der Wohngeldantragprüfung besteht eine Auskunftspflicht, die nicht nur die Haushaltsmitglieder betreffen, sondern auch ehemalige Ehe- oder Lebenspartner/in, Eltern oder Kinder, die keine Haushaltsmitglieder mehr sind, sowie unter Umständen auch Arbeitgeber/innen und Banken (§ 23 WoGG).

Die Wohngeldstelle fertigt einen Wohngeldbescheid. In diesem Bescheid müssen unter anderem ausgewiesen sein (§ 24 WoGG):

- die monatliche Miete bzw. Belastung
- die monatlichen Einnahmen

Daraus kann der/die Wohngeldempfänger/in betragsmäßig ableiten, ab welchem Grad der Veränderung von Miete oder Einkommen er/sie der Wohngeldstelle Mitteilung zu machen hat.

Vorschussweise Gewährung von Wohngeld

Besteht ein Anspruch auf Wohngeld dem Grunde nach, dauert die Bearbeitung des Bescheids aber noch an („in der Regel noch ein Zeitraum von mehr als acht Wochen“, siehe WoGVwV 2016 zu § 42 SGB I), kann im Einzelfall ein Vorschuss gewährt werden.

Der grundsätzliche Anspruch besteht, wenn nach den vorgebrachten Angaben Wohngeld auf jeden Fall zu zahlen ist, die Höhe des Wohngelds aber noch berechnet werden muss (und hier ggf. noch nicht alle Bescheide anderer Träger vorliegen).

Beantragt der Wohngeldberechtigte einen Vorschuss, muss ein Vorschuss gezahlt werden, wenn die sonstigen Voraussetzungen vorliegen. Dies ergibt sich aufgrund der Anwendung von §42 SGB I. Die Vorschusszahlung beginnt dann spätestens nach Ablauf eines Kalendermonats nach Eingang des Vorschussantrags.

Bewilligungszeitraum

Wohngeld wird in der Regel für zwölf Monate bewilligt (§ 25 WoGG). Der Bewilligungszeitraum kann verkürzt werden, wenn abzusehen ist, dass sich die Verhältnisse des Wohngeldempfängers/der Wohngeldempfängerin vorher ändern (§ 25 Abs. 1 WoGG).

Wenn nach Ablauf des Bewilligungszeitraums weiter Wohngeld in Anspruch genommen werden soll, muss ein Weiterleistungsantrag gestellt werden.

Achtung: Damit die laufende Wohngeldzahlung nicht unterbrochen wird, sollte dieser Weiterleistungsantrag rechtzeitig (ca. zwei Monate) vor Ablauf des Bewilligungszeitraums gestellt werden.

Der Bewilligungszeitraum beginnt in der Regel am Ersten des Monats, in dem der Antrag bei der Wohngeldbehörde eingegangen ist. Treten die Voraussetzungen für die Bewilligung des Wohngelds erst in einem späteren Monat ein, beginnt der Bewilligungszeitraum am Ersten dieses Monats (§ 25 Abs. 2 WoGG).

Wenn Transferleistungen nach § 7 Abs. 1 WoGG von den jeweiligen Leistungsträgern abgelehnt wurden, beginnt der Bewilligungszeitraum am Ersten des Monats, von dem ab die Bewilligung von Transferleistungen abgelehnt worden ist, wenn der Antrag auf Wohngeld vor Ablauf des auf die Kenntnis der Ablehnung folgenden Kalendermonats gestellt wird (§ 25 Abs. 3 WoGG). Ist die Bewilligung einer Transferleistung abgelehnt worden, hätte der Betreffende aber eigentlich einen Anspruch auf allgemeines Wohngeld gehabt, soll er diesen Anspruch nicht verlieren, wenn er den Wohngeldantrag innerhalb eines Kalendermonats nach Kenntnis der Ablehnung stellt.

Auszahlung des Wohngelds

Das Wohngeld wird nach § 26 WoGG grundsätzlich an den/die Antragsberechtigte/n gezahlt. In begründeten Ausnahmefällen kann dieses auch an ein zum Haushalt rechnendes Familienmitglied oder direkt an den/die Empfänger/in der Miete gezahlt werden.

Das Wohngeld wird in der Regel im Voraus gezahlt. Es soll monatlich oder für jeweils zwei Monate (Zahlungsabschnitt) gezahlt werden.

Das Wohngeld wird grundsätzlich auf ein vom/von der Empfänger/in eingerichtetes Konto überwiesen. Muss eine Barauszahlung erfolgen, weil der/die Empfänger/in kein Konto bei einem Geldinstitut hat, werden die dadurch veranlassten Kosten abgezogen. Eine Verrechnung der Kosten erfolgt dann nicht, wenn der/die Empfänger/in nachweist, dass ihm/ihr die Einrichtung eines Kontos bei einem Geldinstitut ohne eigenes Verschulden nicht möglich ist. Diese Regelung wurde vom Gesetzgeber eingefügt, um die gebührenintensive Barauszahlung zu vermeiden.

Änderung der Voraussetzungen während des Bewilligungszeitraums

Wohngelderhöhende Sachverhalte

Hat sich im laufenden Bewilligungszeitraum

- die Zahl der zum Haushalt rechnenden Familienmitglieder erhöht, oder
- die zu berücksichtigende Miete oder Belastung um mehr als 15 Prozent erhöht, oder
- das Gesamteinkommen um mehr als 15 Prozent verringert,

wird der Antrag neu bewilligt, wenn diese Lebenssachverhalte zu einer Erhöhung des Wohngelds führen (§ 27 WoGG).

Wichtig: Diese Sachverhalte werden nicht von Amts wegen erforscht. Wer im Bewilligungszeitraum eine Erhöhung des Wohngelds aus oben genannten Gründen anstrebt, muss einen entsprechenden Antrag stellen und dabei die geänderten Tatsachen nachweisen.

Eine Verringerung des Einkommens ist auch dann beachtlich, wenn diese aufgrund einer Veränderung der Zahl der zum Haushalt rechnenden Familienmitglieder erfolgt.

Erfasst werden hier Änderungen der Lebenssituation durch Auszug von Familienmitgliedern. Nicht umfasst dagegen sind Fälle, dass eine Einkommensverringerung dadurch entsteht, dass ein Familienmitglied nun Transferleistungen erhält und von daher nicht mehr zum Kreis der wohngeldberechtigten Familienmitglieder gehört. Nach § 28 Abs. 4 WoGG wird in diesem Fall der Bewilligungsbescheid unwirksam und muss unter Beachtung von § 25 Abs. 5 WoGG neu bewilligt werden.

Hat sich rückwirkend die zu berücksichtigende Miete oder Belastung um mehr als 15 Prozent erhöht und haben die zum Haushalt rechnenden Familienmitglieder die rückwirkende Erhöhung nicht zu vertreten, wird Wohngeld auf Antrag auch für den Zeitraum bewilligt, für den rückwirkend die erhöhte Miete zu bezahlen oder die erhöhte Belastung aufzubringen ist. Das rückwirkend zu bewilligende Wohngeld darf den Betrag nicht übersteigen, um den sich die Miete oder Belastung erhöht hat. Der Anspruch ist ausgeschlossen, wenn er nicht vor Ablauf des auf die Kenntnis von der Erhöhung der Miete oder Belastung folgenden Kalendermonats geltend gemacht wird.

Wohngeldverringernde Sachverhalte

Hat sich im laufenden Bewilligungszeitraum

- die Miete oder Belastung so verringert, dass sich dadurch die zu berücksichtigende Miete oder Belastung um mehr als 15 Prozent verringert, oder
- haben sich die Einnahmen so erhöht, dass sich dadurch das Gesamteinkommen um mehr als 15 Prozent erhöht,

ist über die Bewilligung neu zu entscheiden, wenn diese Veränderungen zu einem Wegfall oder zu einer Verringerung des Wohngelds führen würden.

Als Zeitpunkt der Änderung der Verhältnisse gilt immer der Beginnzeitpunkt der Änderung, nicht der Zeitpunkt, an dem der/die Betroffene hiervon Kenntnis erlangt hat oder hätte erlangen können.

Wichtig: Über diese Sachverhalte besteht eine Mitteilungspflicht gegenüber der Wohngeldstelle. Die Meldung hat „unverzüglich" – also ohne schuldhaftes Zögern – zu erfolgen. Eine Erhöhung der Einnahmen ist dann nicht vorübergehend, wenn sie mehr als zwei Monate andauert. Die Arbeitsaufnahme muss sofort gemeldet werden, eine Probezeit ist dabei unbeachtlich.

Eine Neuentscheidung von Amts wegen muss innerhalb eines Jahres, nachdem die Wohngeldbehörde von der Änderung der Verhältnisse

Kenntnis erlangt hat, erfolgen. Unterlässt die Wohngeldbehörde eine Entscheidung innerhalb dieser Jahresfrist, ist eine Änderung für die Vergangenheit zum Nachteil des/der Betroffenen nicht möglich.

Wegfall des Wohngeldanspruchs

Der Wohngeldanspruch kann während des Bewilligungszeitraums unter verschiedenen Voraussetzungen entfallen. Der Wohngeldbescheid wird dann vor Ablauf des Bewilligungszeitraums unwirksam.

Dies ist der Fall, wenn der Wohnraum, für den Wohngeld bewilligt wurde, von keinem der zum Haushalt rechnenden Familienmitglieder mehr genutzt wird oder das Wohngeld nicht zur Mietzahlung oder zur Zahlung der Belastung verwendet wird.

Der Wechsel des Wohnraums innerhalb desselben Heimes gilt nicht als Nutzungsaufgabe. Dies wurde mit der Wohngeldreform 2016 klargestellt.

Ist ein/e alleinstehende/r Antragsberechtigte/r nach der Antragstellung verstorben, entfällt der Anspruch auf Wohngeld von dem auf den Sterbemonat folgenden Zahlungsabschnitt an.

Rechnen zum Haushalt des/der verstorbenen Antragstellers/Antragstellerin mehrere Familienmitglieder, entfällt der Anspruch auf Wohngeld erst mit Ablauf des Bewilligungszeitraums. Hier ist zudem § 5 Abs. 4 WoGG zu beachten, wonach für die Dauer von zwölf Monaten nach dem Sterbemonat der Tod des Familienmitglieds ohne Einfluss auf die bisher maßgebende Haushaltsgröße ist.

Nach § 28 Abs. 3 und 4 WoGG endet die Leistung von Wohngeld dann, wenn Familienmitglieder, die bei der Berechnung des Wohngelds berücksichtigt worden sind, nach Bescheiderteilung Empfänger einer in § 7 Abs. 1 WoGG genannten Transferleistungen werden.

Es tritt die Unwirksamkeit eines Bewilligungsbescheids kraft Gesetzes ein. Diese Unwirksamkeitsregelung stellt eine gesetzlich auflösende Bedingung dar. Eines gesonderten Aufhebungsverwaltungsakts bedarf es nicht. Beginn der Unwirksamkeit ist der Zeitpunkt der Änderung der Verhältnisse; bei Änderungen im Laufe eines Monats gilt dies zum auf die Änderung folgenden nächsten Ersten eines Monats. Wie bei der gleichlautenden Regelung in § 27 Abs. 3 Satz 1 WoGG wird auch hier vom Zeitpunkt der tatsächlichen Änderungen ausgegangen und nicht vom Zeitpunkt der möglichen Kenntnis.

Nach §28 Abs. 4 WoGG muss der/die Wohngeldempfänger/in oder müssen die Familienmitglieder der Wohngeldstelle unverzüglich mitteilen, dass ein zum Haushalt gehörendes Familienmitglied eine Transferleistung beantragt hat oder bereits bezieht.

Für verbleibende zu berücksichtigende Haushaltsmitglieder muss in diesem Fall ein neuer Antrag gestellt werden. Die Wohngeldstelle hat auf Antrag eine Entscheidung auf Grundlage der veränderten Verhältnisse zu treffen. Den Beginn des neuen Bewilligungszeitraums im Fall eines Antrags regelt §25 Abs. 4 WoGG.

Datenabgleich

Um die missbräuchliche Inanspruchnahme von Wohngeldleistungen wirksam bekämpfen zu können, finden sich in §33 WoGG Regelungen, wann die Wohngeldbehörde zur Weitergabe von Daten verpflichtet bzw. berechtigt ist, Daten einzuholen.

Die Wohngeldstellen sind ermächtigt, entscheidungsrelevante Angaben insbesondere durch den Einsatz eines automatisierten Datenabgleichs zu kontrollieren.

Überprüft werden können zum Haushalt rechnende Familienmitglieder sowie Personen, mit denen der/die Wohngeldberechtigte gemeinsam wohnt (ehemals Wohn- und Wirtschaftsgemeinschaft). Dies gilt für alle Antragsfälle. Das Merkmal „zum (wohngeldberechtigten) Haushalt rechnende Familienmitglieder" muss auch auf den/die Wohngeldempfänger/in selbst zutreffen, da es nicht Ziel der Regelung ist, vom Wohngeld ausgeschlossene, aber noch das Wohngeld für die Familie erhaltende Personen zu überprüfen (§ 1 Abs. 4 und §40 WoGG).

Überprüft werden kann auch der gegenwärtige und in der Vergangenheit erfolgte Empfang von Transferleistungen nach §7 Abs. 1 WoGG. Neben der Inanspruchnahme wird dabei auch die Beantragung dieser Leistungen erfasst.

Auch Einnahmen aus Kapitalvermögen können durch einen Abgleich von Daten nach §45d Abs. 1 EStG überprüft werden.

Um den Doppelbezug von Wohngeld zu verhindern, kann auch überprüft werden, ob bereits gegenwärtig oder in der Vergangenheit Wohngeld beantragt oder empfangen wird bzw. wurde.

Automatisierter Datenabgleich

Seit 01.01.2013 haben die Wohngeldstellen durchgängig einen automatischen Datenabgleich eingeführt, mit dem geprüft wird, ob Wohngeldempfänger bzw. zum Haushalt gehörende Personen Leistungen beantragt oder erhalten haben, die zum Ausschluss von Wohngeld führen. Einzelheiten zu diesem automatisierten Datenabgleich können in der Wohngeldverordnung in den §§ 16 bis 22 WoGV nachgelesen werden.

Folgende Informationen werden für den Datenabgleich eingeholt:

- über die Bundesagentur für Arbeit: Bezieher von Arbeitslosengeld I
- über die Jobcenter: Bezieher von Arbeitslosengeld II, Sozialgeld und Zuschüsse nach § 27 Abs. 3 SGB II
- über die Sozialämter: Bezieher von Leistungen der Grundsicherung im Alter und bei Erwerbsminderung nach SGB XII
- über die Finanzämter: Versicherungspflichtige oder geringfügige Beschäftigungen
- über die Versicherungsträger: Leistungen der Renten- und Unfallversicherungen
- über das Bundeszentralamt für Steuern: Vom Steuerabzug freigestellte Kapitalerträge (Freistellungsaufträge)
- über die Meldebehörden: Abmeldung/Nichtmeldung eines zu berücksichtigenden Haushaltsmitglieds
- über andere Wohngeldstellen: Anderweitige Beantragung, Gewährung von Wohngeld

Erstattungsansprüche der Sozialleistungsträger untereinander

Wie bereits in Kapitel 2 ausgeführt, geht Wohngeld den Transferleistungen vor, muss also beantragt werden, wenn dadurch – ggf. mit Kinderzuschlag nach § 6a BKGG – Hilfebedürftigkeit vermieden werden kann.

Dies zu erkennen ist auch für die einzelnen Leistungsträger nicht immer leicht. Um eine Bedarfsdeckungslücke abzusichern, erlaubt § 7 Abs. 1 Satz 3 WoGG die gleichzeitige Beantragung von Wohngeld und Transferleistung – im Praxisfall meist Arbeitslosengeld II. Gleichzeitig wird die Wohngeldstelle verpflichtet, das Wohngeld unverzüglich zu berechnen, der SGB II-Träger muss den Bedarf vorübergehend mit Leistungsbewilligung absichern. Gleichzeitig kann er einen Erstattungsanspruch nach § 104 SGB X gegenüber der Wohngeldstelle anmelden.

Stellt sich nach abschließender Berechnung heraus, dass Arbeitslosengeld II zu bewilligen ist, besteht gegenüber dem/der Wohngeldempfänger/in keine Rückerstattungspflicht.

Steht einem Leistungsträger gegenüber einem anderen Leistungsträger ein Erstattungsanspruch zu, ist ein Rückforderungsanspruch gegenüber dem/der Leistungsberechtigten ausgeschlossen. Ein derartiger Erstattungsanspruch einer Behörde gegen eine andere soll eine unbürokratische Abwicklung der Ansprüche im Verhältnis der Sozialleistungsträger untereinander ermöglichen. Wegen §§ 103, 107 SGB X ist es Sache des SGB II-Trägers, die Rückforderung des zu viel Gezahlten zu betreiben (VG Berlin, Urteil vom 24.06.2014, Az. VG 21 K 195.12).

Gesetzliche Grundlagen

Wohngeldgesetz (WoGG) 100

Wohngeldverordnung (WoGV) 127

Mietstufen der Gemeinden nach Ländern ab 1. Januar 2020 134

Wohngeldreform 2020

Die Änderungen seit 01.08.2016 sind mit Unterstreichungen gekennzeichnet.

Wohngeldgesetz (WoGG)

Vom 24. September 2008 (BGBl. I S. 1856)

Zuletzt geändert durch
Wohngeldstärkungsgesetz
vom 30. November 2019 (BGBl. I S. 1877)

Inhaltsübersicht

Teil 1
Zweck des Wohngeldes und Wohngeldberechtigung

§ 1 Zweck des Wohngeldes
§ 2 Wohnraum
§ 3 Wohngeldberechtigung

Teil 2
Berechnung und Höhe des Wohngeldes

Kapitel 1
Berechnungsgrößen des Wohngeldes

§ 4 Berechnungsgrößen des Wohngeldes

Kapitel 2
Haushaltsmitglieder

§ 5 Haushaltsmitglieder
§ 6 Zu berücksichtigende Haushaltsmitglieder
§ 7 Ausschluss vom Wohngeld
§ 8 Dauer des Ausschlusses vom Wohngeld und Verzicht auf Leistungen

Kapitel 3
Miete und Belastung

§ 9 Miete
§ 10 Belastung
§ 11 Zu berücksichtigende Miete und Belastung
§ 12 Höchstbeträge für Miete und Belastung

Kapitel 4
Einkommen

§ 13 Gesamteinkommen
§ 14 Jahreseinkommen
§ 15 Ermittlung des Jahreseinkommens
§ 16 Abzugsbeträge für Steuern und Sozialversicherungsbeiträge
§ 17 Freibeträge
§ 18 Abzugsbeträge für Unterhaltsleistungen

Kapitel 5
Höhe des Wohngeldes

§ 19 Höhe des Wohngeldes

Teil 3
Nichtbestehen des Wohngeldanspruchs

§ 20 Gesetzeskonkurrenz
§ 21 Sonstige Gründe

Teil 4
Bewilligung, Zahlung und Änderung des Wohngeldes

§ 22 Wohngeldantrag
§ 23 Auskunftspflicht
§ 24 Wohngeldbehörde und Entscheidung
§ 25 Bewilligungszeitraum
§ 26 Zahlung des Wohngeldes
§ 27 Änderung des Wohngeldes
§ 28 Unwirksamkeit des Bewilligungsbescheides und Wegfall des Wohngeldanspruchs
§ 29 Haftung, Aufrechnung, Verrechnung und vorläufige Zahlungseinstellung
§ 30 Rücküberweisung und Erstattung im Todesfall
§ 31 Rücknahme eines rechtswidrigen nicht begünstigenden Wohngeldbescheides

Teil 5
Kostentragung und Datenabgleich

§ 32 Erstattung des Wohngeldes durch den Bund
§ 33 Datenabgleich

Teil 6
Wohngeldstatistik

§ 34 Zweck der Wohngeldstatistik, Auskunfts- und Hinweispflicht
§ 35 Erhebungs- und Hilfsmerkmale
§ 36 Erhebungszeitraum und Zusatzaufbereitungen

Teil 7
Schlussvorschriften

§ 37 Bußgeld
§ 38 Verordnungsermächtigung
§ 39 Wohngeld- und Mietenbericht; Bericht über die Lage und Entwicklung der Wohnungs- und Immobilienwirtschaft in Deutschland
§ 40 Einkommen bei anderen Sozialleistungen
§ 41 Auswirkung von Rechtsänderungen auf die Wohngeldentscheidung

Teil 8
Überleitungsvorschriften

§ 42 Gesetz zur Neuregelung des Wohngeldrechts und zur Änderung des Sozialgesetzbuches

§ 42a Übergangsregelung aus Anlass des Gesetzes zur Reform des Wohngeldrechts und zur Änderung des Wohnraumförderungsgesetzes

§ 42b Übergangsregelung aus Anlass des Gesetzes zur Stärkung des Wohngeldes

§ 43 Fortschreibung des Wohngeldes

§ 44 Übergangsregelung bei Fortschreibung des Wohngeldes

Anlage 1
(zu § 12 Absatz 1)

Anlage 2
(zu § 19 Absatz 1)

Anlage 3
(zu § 19 Absatz 2)

5

Teil 1
Zweck des Wohngeldes und Wohngeldberechtigung

§ 1 Zweck des Wohngeldes

(1) Das Wohngeld dient der wirtschaftlichen Sicherung angemessenen und familiengerechten Wohnens.

(2) Das Wohngeld wird als Zuschuss zur Miete (Mietzuschuss) oder zur Belastung (Lastenzuschuss) für den selbst genutzten Wohnraum geleistet.

§ 2 Wohnraum

Wohnraum sind Räume, die vom Verfügungsberechtigten zum Wohnen bestimmt und hierfür nach ihrer baulichen Anlage und Ausstattung tatsächlich geeignet sind.

5

§ 3 Wohngeldberechtigung

(1) Wohngeldberechtigte Person ist für den Mietzuschuss jede natürliche Person, die Wohnraum gemietet hat und diesen selbst nutzt. Ihr gleichgestellt sind

1. die nutzungsberechtigte Person des Wohnraums bei einem dem Mietverhältnis ähnlichen Nutzungsverhältnis (zur mietähnlichen Nutzung berechtigte Person), insbesondere die Person, die ein mietähnliches Dauerwohnrecht hat,
2. die Person, die Wohnraum im eigenen Haus, das mehr als zwei Wohnungen hat, bewohnt, und
3. die Person, die in einem Heim im Sinne des Heimgesetzes oder entsprechender Gesetze der Länder nicht nur vorübergehend aufgenommen ist.

(2) Wohngeldberechtigte Person ist für den Lastenzuschuss jede natürliche Person, die Eigentum an selbst genutztem Wohnraum hat. Ihr gleichgestellt sind

1. die erbbauberechtigte Person,
2. die Person, die ein eigentumsähnliches Dauerwohnrecht, ein Wohnungsrecht oder einen Nießbrauch innehat, und
3. die Person, die einen Anspruch auf Bestellung oder Übertragung des Eigentums, des Erbbaurechts, des eigentumsähnlichen Dauerwohnrechts, des Wohnungsrechts oder des Nießbrauchs hat.

Die Sätze 1 und 2 gelten nicht im Fall des Absatzes 1 Satz 2 Nr. 2.

(3) Erfüllen mehrere Personen für denselben Wohnraum die Voraussetzungen des Absatzes 1 oder des Absatzes 2 und sind sie zugleich Haushaltsmitglieder (§ 5), ist nur eine dieser Personen wohngeldberechtigt. In diesem Fall bestimmen diese Personen die wohngeldberechtigte Person.

(4) Wohngeldberechtigt ist nach Maßgabe der Absätze 1 bis 3 auch, wer zwar nach den §§ 7 und 8 Abs. 1 vom Wohngeld ausgeschlossen ist, aber mit mindestens einem zu berücksichtigenden Haushaltsmitglied (§ 6) Wohnraum gemeinsam bewohnt.

(5) Ausländer im Sinne des § 2 Abs. 1 des Aufenthaltsgesetzes (ausländische Personen) sind nach Maßgabe der Absätze 1 bis 4 nur wohngeldberechtigt, wenn sie sich im Bundesgebiet tatsächlich aufhalten und

1. ein Aufenthaltsrecht nach dem Freizügigkeitsgesetz/EU haben,
2. einen Aufenthaltstitel oder eine Duldung nach dem Aufenthaltsgesetz haben,
3. ein Recht auf Aufenthalt nach einem völkerrechtlichen Abkommen haben,
4. eine Aufenthaltsgestattung nach dem Asylgesetz haben,
5. die Rechtsstellung eines heimatlosen Ausländers im Sinne des Gesetzes über die Rechtsstellung heimatloser Ausländer im Bundesgebiet haben oder
6. auf Grund einer Rechtsverordnung vom Erfordernis eines Aufenthaltstitels befreit sind.

Nicht wohngeldberechtigt sind ausländische Personen, die durch eine völkerrechtliche Vereinbarung von der Anwendung deutscher Vorschriften auf dem Gebiet der sozialen Sicherheit befreit sind. In der Regel nicht wohngeldberechtigt sind Ausländer, die im Besitz eines Aufenthaltstitels zur Ausbildungsplatzsuche nach § 17 Absatz 1 des Aufenthaltsgesetzes, zur Arbeitsplatzsuche nach § 20 des Aufenthaltsgesetzes, für ein studienbezogenes Praktikum nach § 16e des Aufenthaltsgesetzes oder zur Teilnahme am europäischen Freiwilligendienst nach § 19e des Aufenthaltsgesetzes sind.

Teil 2
Berechnung und Höhe des Wohngeldes

Kapitel 1
Berechnungsgrößen des Wohngeldes

§ 4 Berechnungsgrößen des Wohngeldes

Das Wohngeld richtet sich nach

1. der Anzahl der zu berücksichtigenden Haushaltsmitglieder (§§ 5 bis 8),
2. der zu berücksichtigenden Miete oder Belastung (§§ 9 bis 12) und
3. dem Gesamteinkommen (§§ 13 bis 18)

und ist nach § 19 zu berechnen.

Kapitel 2
Haushaltsmitglieder

§ 5 Haushaltsmitglieder

(1) Haushaltsmitglied ist die wohngeldberechtigte Person, wenn der Wohnraum, für den sie Wohngeld beantragt, der Mittelpunkt ihrer Lebensbeziehungen ist. Haushaltsmitglied ist auch, wer

1. als Ehegatte eines Haushaltsmitgliedes von diesem nicht dauernd getrennt lebt,
2. als Lebenspartner oder Lebenspartnerin eines Haushaltsmitgliedes von diesem nicht dauernd getrennt lebt,
3. mit einem Haushaltsmitglied so zusammenlebt, dass nach verständiger Würdigung der wechselseitige Wille anzunehmen ist, Verantwortung füreinander zu tragen und füreinander einzustehen,
4. mit einem Haushaltsmitglied in gerader Linie oder zweiten oder dritten Grades in der Seitenlinie verwandt oder verschwägert ist,
5. ohne Rücksicht auf das Alter Pflegekind eines Haushaltsmitgliedes ist,
6. Pflegemutter oder Pflegevater eines Haushaltsmitgliedes ist

und mit der wohngeldberechtigten Person den Wohnraum, für den Wohngeld beantragt wird, gemeinsam bewohnt, wenn dieser Wohnraum der jeweilige Mittelpunkt der Lebensbeziehungen ist.

(2) Ein wechselseitiger Wille, Verantwortung füreinander zu tragen und füreinander einzustehen, wird vermutet, wenn mindestens eine der Voraussetzungen nach den Nummern 1 bis 4 des § 7 Abs. 3a des Zweiten Buches Sozialgesetzbuch erfüllt ist.

(3) Ausländische Personen sind nur Haushaltsmitglieder nach Absatz 1 Satz 2, wenn sie die Voraussetzungen der Wohngeldberechtigung nach § 3 Abs. 5 erfüllen.

(4) Betreuen nicht nur vorübergehend getrennt lebende Eltern ein Kind oder mehrere Kinder zu annähernd gleichen Teilen, ist jedes dieser Kinder bei beiden Elternteilen Haushaltsmitglied. Gleiches gilt bei einer Aufteilung der Betreuung bis zu einem Verhältnis von mindestens einem Drittel zu zwei Dritteln je Kind. Betreuen die Eltern mindestens zwei dieser Kinder nicht in einem Verhältnis nach Satz 1 oder 2, ist bei dem Elternteil mit dem geringeren Betreuungsanteil nur das jüngste dieser Kinder Haushaltsmitglied. Für Pflegekinder und Pflegeeltern gelten die Sätze 1 bis 3 entsprechend.

§ 6 Zu berücksichtigende Haushaltsmitglieder

(1) Bei der Berechnung des Wohngeldes sind vorbehaltlich des Absatzes 2 und der §§ 7 und 8 sämtliche Haushaltsmitglieder zu berücksichtigen (zu berücksichtigende Haushaltsmitglieder).

(2) Stirbt ein zu berücksichtigendes Haushaltsmitglied, ist dies für die Dauer von zwölf Monaten nach dem Sterbemonat ohne Einfluss auf die bisher maßgebende Anzahl der zu berücksichtigenden Haushaltsmitglieder. Satz 1 ist nicht mehr anzuwenden, wenn nach dem Todesfall

1. die Wohnung aufgegeben wird,
2. die Zahl der zu berücksichtigenden Haushaltsmitglieder sich mindestens auf den Stand vor dem Todesfall erhöht oder
3. der auf den Verstorbenen entfallende Anteil der Kosten der Unterkunft in einer Leistung nach § 7 Abs. 1 mindestens teilweise berücksichtigt wird.

§ 7 Ausschluss vom Wohngeld

(1) Vom Wohngeld ausgeschlossen sind Empfänger und Empfängerinnen von

1. Arbeitslosengeld II und Sozialgeld nach dem Zweiten Buch Sozialgesetzbuch, auch in den Fällen des § 25 des Zweiten Buches Sozialgesetzbuch,
2. Leistungen für Auszubildende nach § 27 Absatz 3 des Zweiten Buches Sozialgesetzbuch, die als Zuschuss erbracht werden,
3. Übergangsgeld in Höhe des Betrages des Arbeitslosengeldes II nach § 21 Abs. 4 Satz 1 des Sechsten Buches Sozialgesetzbuch,
4. Verletztengeld in Höhe des Betrages des Arbeitslosengeldes II nach § 47 Abs. 2 des Siebten Buches Sozialgesetzbuch,
5. Grundsicherung im Alter und bei Erwerbsminderung nach dem Zwölften Buch Sozialgesetzbuch,
6. Hilfe zum Lebensunterhalt nach dem Zwölften Buch Sozialgesetzbuch,
7. a) ergänzender Hilfe zum Lebensunterhalt oder
   b) anderen Hilfen in einer stationären Einrichtung, die den Lebensunterhalt umfassen,

   nach dem Bundesversorgungsgesetz oder nach einem Gesetz, das dieses für anwendbar erklärt,
8. Leistungen in besonderen Fällen und Grundleistungen nach dem Asylbewerberleistungsgesetz oder
9. Leistungen nach dem Achten Buch Sozialgesetzbuch in Haushalten, zu denen ausschließlich Personen gehören, die diese Leistungen empfangen,

wenn bei deren Berechnung Kosten der Unterkunft berücksichtigt worden sind (Leistungen). Der Ausschluss besteht in den Fällen des Satzes 1 Nr. 3 und 4, wenn bei der Berechnung des Arbeitslosengeldes II Kosten der Unterkunft berücksichtigt worden sind. Der Ausschluss besteht nicht, wenn

1. die Leistungen nach den Sätzen 1 und 2 ausschließlich als Darlehen gewährt werden oder
2. durch Wohngeld die Hilfebedürftigkeit im Sinne des § 9 des Zweiten Buches Sozialgesetzbuch, des § 19 Abs. 1 und 2 des Zwölften Buches Sozialgesetzbuch oder des § 27a des Bundesversorgungsgesetzes vermieden oder beseitigt werden kann und
   a) die Leistungen nach Satz 1 Nr. 1 bis 7 während der Dauer des Verwaltungsverfahrens zur Feststellung von Grund und Höhe dieser Leistungen noch nicht erbracht worden sind oder
   b) der zuständige Träger eine der in Satz 1 Nr. 1 bis 7 genannten Leistungen als nachrangig verpflichteter Leistungsträger nach § 104 des Zehnten Buches Sozialgesetzbuch erbringt.

(2) Ausgeschlossen sind auch Haushaltsmitglieder, die in

1. § 7 Abs. 3 des Zweiten Buches Sozialgesetzbuch, auch in den Fällen des Übergangs- oder Verletztengeldes nach Absatz 1 Satz 1 Nr. 3 und 4 bei der Berechnung des Arbeitslosengeldes II,
2. § 19 Abs. 1 und 4 sowie den §§ 20 und 43 Abs. 1 des Zwölften Buches Sozialgesetzbuch,
3. § 27a Satz 2 des Bundesversorgungsgesetzes in Verbindung mit § 19 Abs. 1 des Zwölften Buches Sozialgesetzbuch oder
4. § 1 Abs. 1 Nr. 6 des Asylbewerberleistungsgesetzes

genannt und bei der gemeinsamen Ermittlung ihres Bedarfs oder nach § 43 Abs. 1 des Zwölften Buches Sozialgesetzbuch bei der Ermittlung der Leistung nach Absatz 1 Satz 1 Nr. 5 berücksichtigt worden sind. Der Ausschluss besteht nicht, wenn

1. die Leistungen nach Absatz 1 Satz 1 und 2 ausschließlich als Darlehen gewährt werden oder
2. die Voraussetzungen des Absatzes 1 Satz 3 Nr. 2 vorliegen.

(3) Ausgeschlossen sind auch Haushaltsmitglieder, deren Leistungen nach Absatz 1 auf Grund einer Sanktion vollständig weggefallen sind.

§ 8 Dauer des Ausschlusses vom Wohngeld und Verzicht auf Leistungen

(1) Der Ausschluss vom Wohngeld besteht vorbehaltlich des § 7 Abs. 1 Satz 3 Nr. 2 und Abs. 2 Satz 2 Nr. 2 für die Dauer des Verwaltungsverfahrens zur Feststellung von Grund und Höhe der Leistungen nach § 7 Abs. 1. Der Ausschluss besteht vorbehaltlich des § 7 Abs. 1 Satz 3 Nr. 2 und Abs. 2 Satz 2 Nr. 2

1. nach der Antragstellung auf eine Leistung nach § 7 Abs. 1 ab dem Ersten
   a) des Monats, für den der Antrag gestellt worden ist, oder
   b) des nächsten Monats, wenn die Leistung nach § 7 Abs. 1 nicht vom Ersten eines Monats an beantragt wird,
2. nach der Bewilligung einer Leistung nach § 7 Abs. 1 ab dem Ersten
   a) des Monats, für den die Leistung nach § 7 Abs. 1 bewilligt wird, oder
   b) des nächsten Monats, wenn die Leistung nach § 7 Abs. 1 nicht vom Ersten eines Monats an bewilligt wird,
3. bis zum Letzten
   a) des Monats, wenn die Leistung nach § 7 Abs. 1 bis zum Letzten eines Monats bewilligt wird, oder
   b) des Vormonats, wenn die Leistung nach § 7 Abs. 1 nicht bis zum Letzten eines Monats bewilligt wird.

   Der Ausschluss gilt für den Zeitraum als nicht erfolgt, für den
   1. der Antrag auf eine Leistung nach § 7 Absatz 1 zurückgenommen wird,
   2. die Leistung nach § 7 Absatz 1 abgelehnt, versagt, entzogen oder ausschließlich als Darlehen gewährt wird,
   3. der Bewilligungsbescheid über eine Leistung nach § 7 Absatz 1 zurückgenommen oder aufgehoben wird,
   4. der Anspruch auf eine Leistung nach § 7 Absatz 1 nachträglich im Sinne des § 103 Absatz 1 des Zehnten Buches Sozialgesetzbuch ganz entfallen ist oder nach § 104 Absatz 1 oder 2 des Zehnten Buches Sozialgesetzbuch oder nach § 40a des Zweiten Buches Sozialgesetzbuch nachrangig ist oder
   5. die Leistung nach § 7 Absatz 1 nachträglich durch den Übergang eines Anspruchs in vollem Umfang erstattet wird.

(2) Verzichten Haushaltsmitglieder auf die Leistungen nach § 7 Abs. 1, um Wohngeld zu beantragen, gilt ihr Ausschluss vom Zeitpunkt der Wirkung des Verzichts an als nicht erfolgt; § 46 Abs. 2 des Ersten Buches Sozialgesetzbuch ist in diesem Fall nicht anzuwenden.

Kapitel 3
Miete und Belastung

§ 9 Miete

(1) Miete ist das vereinbarte Entgelt für die Gebrauchsüberlassung von Wohnraum auf Grund von Mietverträgen oder ähnlichen Nutzungsverhältnissen einschließlich Umlagen, Zuschlägen und Vergütungen.

(2) Bei der Ermittlung der Miete nach Absatz 1 bleiben folgende Kosten und Vergütungen außer Betracht:

1. Heizkosten und Kosten für die Erwärmung von Wasser,
2. Kosten der eigenständig gewerblichen Lieferung von Wärme und Warmwasser, soweit sie den in Nummer 1 bezeichneten Kosten entsprechen,
3. die Kosten der Haushaltsenergie, soweit sie nicht von den Nummern 1 und 2 erfasst sind,
4. Vergütungen für die Überlassung einer Garage sowie eines Stellplatzes für Kraftfahrzeuge,
5. Vergütungen für Leistungen, die über die Gebrauchsüberlassung von Wohnraum hinausgehen, insbesondere für allgemeine Unterstützungsleistungen wie die Vermittlung von Pflege- oder Betreuungsleistungen, Leistungen der hauswirtschaftlichen Versorgung oder Notrufdienste.

Ergeben sich diese Beträge nicht aus dem Mietvertrag oder entsprechenden Unterlagen, sind Pauschbeträge abzusetzen.

(3) Im Fall des § 3 Abs. 1 Satz 2 Nr. 2 ist als Miete der Mietwert des Wohnraums zu Grunde zu legen. Im Fall des § 3 Abs. 1 Satz 2 Nr. 3 ist als Miete der Höchstbetrag nach § 12 Abs. 1 zu Grunde zu legen.

§ 10 Belastung

(1) Belastung sind die Kosten für den Kapitaldienst und die Bewirtschaftung von Wohnraum in vereinbarter oder festgesetzter Höhe.

(2) Die Belastung ist von der Wohngeldbehörde (§ 24 Abs. 1 Satz 1) in einer Wohngeld-Lastenberechnung zu ermitteln. Von einer vollständigen Wohngeld-Lastenberechnung kann abgesehen werden, wenn die auf den Wohnraum entfallende Belastung aus Zinsen und Tilgungen den nach § 12 Abs. 1 maßgebenden Höchstbetrag erreicht oder übersteigt.

§ 11 Zu berücksichtigende Miete und Belastung

(1) Bei der Berechnung des Wohngeldes ist die Miete oder Belastung zu berücksichtigen, die sich nach § 9 oder § 10 ergibt, soweit sie nicht nach den Absätzen 2 und 3 in dieser Berechnungsreihenfolge außer Betracht bleibt, jedoch nur bis zum Höchstbetrag nach § 12 Absatz 1. Im Fall des § 3 Absatz 1 Satz 2 Nummer 3 ist der Höchstbetrag nach § 12 Absatz 1 zu berücksichtigen.

(2) Die Miete oder Belastung, die sich nach § 9 oder § 10 ergibt, bleibt in folgender Berechnungsreihenfolge und zu dem Anteil außer Betracht,

1. der auf den Teil des Wohnraums entfällt, der ausschließlich gewerblich oder beruflich genutzt wird;
2. der auf den Teil des Wohnraums entfällt, der einer Person, die kein Haushaltsmitglied ist, entgeltlich oder unentgeltlich zum Gebrauch überlassen ist; übersteigt das Entgelt für die Gebrauchsüberlassung die auf diesen Teil des Wohnraums entfallende Miete oder Belastung, ist das Entgelt in voller Höhe abzuziehen;
3. der dem Anteil einer entgeltlich oder unentgeltlich mitbewohnenden Person, die kein Haushaltsmitglied ist, aber deren Mittelpunkt der Lebensbeziehungen der Wohnraum ist und die nicht selbst die Voraussetzungen des § 3 Abs. 1 oder Abs. 2 erfüllt, an der Gesamtzahl der Bewohner und Bewohnerinnen entspricht; übersteigt das Entgelt der mitbewohnenden Person die auf diese entfallende Miete oder Belastung, ist das Entgelt in voller Höhe abzuziehen;
4. der durch Leistungen aus öffentlichen Haushalten oder Zweckvermögen, insbesondere Leistungen zur Wohnkostenentlastung nach dem Zweiten Wohnungsbaugesetz, dem Wohnraumförderungsgesetz oder entsprechenden Gesetzen der Länder, an den Mieter oder den selbst nutzenden Eigentümer zur Senkung der Miete oder Belastung gedeckt wird, soweit die Leistungen nicht von § 14 Abs. 2 Nr. 30 erfasst sind;
5. der durch Leistungen einer nach § 68 des Aufenthaltsgesetzes verpflichteten Person gedeckt wird, die ein zu berücksichtigendes Haushaltsmitglied zur Bezahlung der Miete oder Aufbringung der Belastung erhält.

(3) Ist mindestens ein Haushaltsmitglied vom Wohngeld ausgeschlossen, ist nur der Anteil der Miete oder Belastung zu berücksichtigen, der dem Anteil der zu berücksichtigenden Haushaltsmitglieder an der Gesamtzahl der Haushaltsmitglieder entspricht. In diesem Fall ist nur der Anteil des Höchstbetrages nach § 12 Absatz 1 zu berücksichtigen, der dem Anteil der zu berücksichtigenden Haushaltsmitglieder an der Gesamtzahl der Haushaltsmitglieder entspricht; die Gesamtzahl der Haushaltsmitglieder ist für die Ermittlung des Höchstbetrages maßgebend.

5

§ 12 Höchstbeträge für Miete und Belastung

(1) Die monatlichen Höchstbeträge für Miete und Belastung sind vorbehaltlich des § 11 Absatz 3 nach der Anzahl der zu berücksichtigenden Haushaltsmitglieder und nach der Mietenstufe zu berücksichtigen. Sie ergeben sich aus Anlage 1.

(2) Die Zugehörigkeit einer Gemeinde zu einer Mietenstufe richtet sich nach dem Mietenniveau von Wohnraum der Hauptmieter und Hauptmieterinnen sowie der gleichzustellenden zur mietähnlichen Nutzung berechtigten Personen, für den Mietzuschuss geleistet wird. Das Mietenniveau ist die durchschnittliche prozentuale Abweichung der Quadratmetermieten von Wohnraum in Gemeinden vom Durchschnitt der Quadratmetermieten des Wohnraums im Bundesgebiet. Zu berücksichtigen sind nur Quadratmetermieten von Wohnraum im Sinne des Satzes 1.

5

(3) Das Mietenniveau ist vom Statistischen Bundesamt festzustellen für Gemeinden mit

1. einer Einwohnerzahl von 10 000 und mehr gesondert,
2. einer Einwohnerzahl von weniger als 10 000 und gemeindefreie Gebiete nach Kreisen zusammengefasst.

Maßgebend für die Zuordnung nach Satz 1 ist die Einwohnerzahl, die auf der Grundlage von § 5 des Bevölkerungsstatistikgesetzes fortgeschrieben wurde.

(4) Das Mietenniveau wird vom Statistischen Bundesamt bei einer Anpassung der Höchstbeträge nach Absatz 1 auf der Grundlage von zwei aufeinanderfolgenden Ergebnissen der jährlichen Wohngeldstatistik für Dezember (§ 36 Absatz 1 Satz 2 Nummer 2) festgestellt. Es ist ein bundesweit einheitlicher Stichtag für die Ergebnisse der Bevölkerungsstatistik zu Grunde zu legen.

(4a) Für die Gemeinden Baltrum, Borkum (Stadt), Juist, Langeoog, Norderney (Stadt), Spiekeroog, Wangerooge (Nordseebad), Nebel, Norddorf auf Amrum, Wittdün auf Amrum, Alkersum, Borgsum, Dunsum, Midlum, Nieblum, Oevenum, Süderende, Utersum, Witsum, Wrixum, Wyk auf Föhr (Stadt), Helgoland, Gröde, Hallig Hooge, Langeneß, Pellworm und Insel Hiddensee, die auf Inseln ohne Festlandanschluss liegen, wird ein gemeinsames Mietenniveau festgestellt. Sie erhalten eine eigene gemeinsame Mietenstufenzuordnung und für die Anlage zu § 1 Absatz 3 der Wohngeldverordnung die Bezeichnung Inseln ohne Festlandanschluss. Abweichend von Absatz 4 wird das Statistische Bundesamt nach den Absätzen 2 und 3 einmalig ausschließlich das gemeinsame Mietenniveau dieser Gemeinden und das jeweilige Mietenniveau der von dieser Änderung betroffenen Kreise vor der nächsten Anpassung der Höchstbeträge nach Absatz 1 feststellen. Diese Feststellung erfolgt auf der Grundlage der Ergebnisse der Wohngeldstatistiken für Dezember 2016 und Dezember 2017 (§ 36 Absatz 1 Satz 2 Nummer 2). Die Anlage zu § 1 Absatz 3 der Wohngeldverordnung kann vor der nächsten Anpassung der Höchstbeträge entsprechend angepasst werden.

(5) Den Mietenstufen nach Absatz 1 sind folgende Mietenniveaus zugeordnet:

Mietenstufe	Mietenniveau
I	niedriger als minus 15 Prozent
II	minus 15 Prozent bis niedriger als minus 5 Prozent
III	minus 5 Prozent bis niedriger als 5 Prozent
IV	5 Prozent bis niedriger als 15 Prozent
V	15 Prozent bis niedriger als 25 Prozent
VI	25 Prozent bis niedriger als 35 Prozent
VII	35 Prozent und höher

Kapitel 4
Einkommen

§ 13 Gesamteinkommen

(1) Das Gesamteinkommen ist die Summe der Jahreseinkommen (§ 14) der zu berücksichtigenden Haushaltsmitglieder abzüglich der Freibeträge (§ 17) und der Abzugsbeträge für Unterhaltsleistungen (§ 18).

(2) Das monatliche Gesamteinkommen ist ein Zwölftel des Gesamteinkommens.

§ 14 Jahreseinkommen

(1) Das Jahreseinkommen eines zu berücksichtigenden Haushaltsmitgliedes ist vorbehaltlich des Absatzes 3 die Summe der positiven Einkünfte im Sinne des § 2 Abs. 1 und 2 des Einkommensteuergesetzes zuzüglich der Einnahmen nach Absatz 2 abzüglich der Abzugsbeträge für Steuern und Sozialversicherungsbeiträge (§ 16). Bei den Einkünften im Sinne des § 2 Abs. 1 Satz 1 Nr. 1 bis 3 des Einkommensteuergesetzes ist § 7g Abs. 1 bis 4 und 7 des Einkommensteuergesetzes nicht anzuwenden. Von den Einkünften aus nichtselbständiger Arbeit, die nach dem Einkommensteuergesetz vom Arbeitgeber pauschal besteuert werden, zählen zum Jahreseinkommen nur

1. die nach § 37b des Einkommensteuergesetzes pauschal besteuerten Sachzuwendungen und

2. der nach § 40a des Einkommensteuergesetzes pauschal besteuerte Arbeitslohn und das pauschal besteuerte Arbeitsentgelt, jeweils abzüglich der Aufwendungen zu dessen Erwerbung, Sicherung oder Erhaltung, höchstens jedoch bis zur Höhe dieser Einnahmen.

Ein Ausgleich mit negativen Einkünften aus anderen Einkunftsarten oder mit negativen Einkünften des zusammenveranlagten Ehegatten ist nicht zulässig.

(2) Zum Jahreseinkommen gehören:

1. der nach § 19 Abs. 2 und § 22 Nr. 4 Satz 4 Buchstabe b des Einkommensteuergesetzes steuerfreie Betrag von Versorgungsbezügen;
2. die einkommensabhängigen, nach § 3 Nr. 6 des Einkommensteuergesetzes steuerfreien Bezüge, die auf Grund gesetzlicher Vorschriften aus öffentlichen Mitteln versorgungshalber an Wehrdienstbeschädigte, im freiwilligen Wehrdienst Beschädigte, Zivildienstbeschädigte und im Bundesfreiwilligendienst Beschädigte oder ihre Hinterbliebenen, Kriegsbeschädigte und Kriegshinterbliebene sowie ihnen gleichgestellte Personen gezahlt werden;
3. die den Ertragsanteil oder den der Besteuerung unterliegenden Anteil nach § 22 Nr. 1 Satz 3 Buchstabe a des Einkommensteuergesetzes übersteigenden Teile von Leibrenten;
4. die nach § 3 Nr. 3 des Einkommensteuergesetzes steuerfreien
   a) Rentenabfindungen,
   b) Beitragserstattungen,
   c) Leistungen aus berufsständischen Versorgungseinrichtungen,
   d) Kapitalabfindungen,
   e) Ausgleichszahlungen;
5. die nach § 3 Nr. 1 Buchstabe a des Einkommensteuergesetzes steuerfreien
   a) Renten wegen Minderung der Erwerbsfähigkeit nach den §§ 56 bis 62 des Siebten Buches Sozialgesetzbuch,
   b) Renten und Beihilfen an Hinterbliebene nach den §§ 63 bis 71 des Siebten Buches Sozialgesetzbuch,
   c) Abfindungen nach den §§ 75 bis 80 des Siebten Buches Sozialgesetzbuch;
6. die Lohn- und Einkommensersatzleistungen nach § 32b Absatz 1 Satz 1 Nummer 1 des Einkommensteuergesetzes; § 10 des Bundeselterngeld- und Elternzeitgesetzes bleibt unberührt;
7. die ausländischen Einkünfte nach § 32b Absatz 1 Satz 1 Nummer 2 bis 5 sowie Satz 2 und 3 des Einkommensteuergesetzes;
8. die Hälfte der nach § 3 Nr. 7 des Einkommensteuergesetzes steuerfreien
   a) Unterhaltshilfe nach den §§ 261 bis 278a des Lastenausgleichsgesetzes,
   b) Beihilfe zum Lebensunterhalt nach den §§ 301 bis 301b des Lastenausgleichsgesetzes,
   c) Unterhaltshilfe nach § 44 und Unterhaltsbeihilfe nach § 45 des Reparationsschädengesetzes,
   d) Beihilfe zum Lebensunterhalt nach den §§ 10 bis 15 des Flüchtlingshilfegesetzes,

   mit Ausnahme der Pflegezulage nach § 269 Abs. 2 des Lastenausgleichsgesetzes;
9. die nach § 3 Nr. 1 Buchstabe a des Einkommensteuergesetzes steuerfreien Krankentagegelder;
10. die Hälfte der nach § 3 Nr. 68 des Einkommensteuergesetzes steuerfreien Renten nach § 3 Abs. 2 des Anti-D-Hilfegesetzes;
11. die nach § 3b des Einkommensteuergesetzes steuerfreien Zuschläge für Sonntags-, Feiertags- oder Nachtarbeit;
12. (weggefallen)
13. (weggefallen)
14. die nach § 3 Nr. 56 des Einkommensteuergesetzes steuerfreien Zuwendungen des Arbeitgebers an eine Pensionskasse und die nach § 3 Nr. 63 des Einkommensteuergesetzes steuerfreien Beiträge des Arbeitgebers an einen Pensionsfonds, eine Pensionskasse oder für eine Direktversicherung zum Aufbau einer kapitalgedeckten betrieblichen Altersversorgung;
15. der nach § 20 Abs. 9 des Einkommensteuergesetzes steuerfreie Betrag (Sparer-Pauschbetrag), soweit die Kapitalerträge 100 Euro übersteigen;
16. die auf erhöhte Absetzungen entfallenden Beträge, soweit sie die höchstmöglichen Absetzungen für Abnutzung nach § 7 des Einkommensteuergesetzes übersteigen, und die auf Sonderabschreibungen entfallenden Beträge;
17. der nach § 3 Nr. 27 des Einkommensteuergesetzes steuerfreie Grundbetrag der Produktionsaufgaberente und das Ausgleichsgeld nach dem Gesetz zur Förderung der Einstellung der landwirtschaftlichen Erwerbstätigkeit;
18. die nach § 3 Nr. 60 des Einkommensteuergesetzes steuerfreien Leistungen aus öffentlichen Mitteln an Arbeitnehmer des Steinkohlen-, Pechkohlen- und Erzbergbaues, des Braunkohlentiefbaues und der Eisen- und Stahlindustrie aus Anlass von Stilllegungs-, Einschränkungs-,

Umstellungs- oder Rationalisierungsmaßnahmen;

19. die nach § 22 Nummer 1 Satz 2 des Einkommensteuergesetzes der Empfängerin oder dem Empfänger nicht zuzurechnenden Bezüge, die ihr oder ihm von einer natürlichen Person, die kein Haushaltsmitglied ist, oder von einer juristischen Person gewährt werden, mit Ausnahme der Bezüge
    a) bis zu einer Höhe von 6540 Euro jährlich, die für eine Pflegeperson oder Pflegekraft aufgewendet werden, die die Empfängerin oder den Empfänger wegen ihrer oder seiner Pflegebedürftigkeit im Sinne des § 14 des Elften Buches Sozialgesetzbuch pflegt, oder
    b) bis zu einer Höhe von insgesamt 480 Euro jährlich von einer natürlichen Person, die gegenüber der Empfängerin oder dem Empfänger nicht vorrangig gesetzlich unterhaltsverpflichtet ist oder war, oder von einer juristischen Person;

    dies gilt entsprechend, wenn anstelle von wiederkehrenden Unterhaltsleistungen Unterhaltsleistungen als Einmalbetrag gewährt werden;
20. a) die Unterhaltsleistungen des geschiedenen oder dauernd getrennt lebenden Ehegatten, mit Ausnahme der Unterhaltsleistungen bis zu einer Höhe von 6540 Euro jährlich, die für eine Pflegeperson oder Pflegekraft geleistet werden, die den Empfänger oder die Empfängerin wegen eigener Pflegebedürftigkeit im Sinne des § 14 des Elften Buches Sozialgesetzbuch pflegt,
    b) die Versorgungsleistungen, die Leistungen auf Grund eines schuldrechtlichen Versorgungsausgleichs und Ausgleichsleistungen zur Vermeidung eines Versorgungsausgleichs,

    soweit diese Leistungen nicht von § 22 Nummer 1a des Einkommensteuergesetzes erfasst sind;
21. die Leistungen nach dem Unterhaltsvorschussgesetz;
22. die Leistungen von natürlichen Personen, die keine Haushaltsmitglieder sind, zur Bezahlung der Miete oder Aufbringung der Belastung, soweit die Leistungen nicht von Absatz 1 Satz 1 oder Satz 3, von Nummer 19 oder Nummer 20 erfasst sind;
23. (weggefallen)
24. die Hälfte der Pauschale für die laufenden Leistungen für den notwendigen Unterhalt ohne die Kosten der Erziehung von Kindern, Jugendlichen oder jungen Volljährigen nach § 39 Abs. 1 in Verbindung mit § 33 oder mit § 35a Abs. 2 Nr. 3, auch in Verbindung mit § 41 Abs. 2 des Achten Buches Sozialgesetzbuch, als Einkommen des Kindes, Jugendlichen oder jungen Volljährigen;
25. die Hälfte der Pauschale für die laufenden Leistungen für die Kosten der Erziehung von Kindern, Jugendlichen oder jungen Volljährigen nach § 39 Abs. 1 in Verbindung mit § 33 oder mit § 35a Abs. 2 Nr. 3, auch in Verbindung mit § 41 Abs. 2 des Achten Buches Sozialgesetzbuch, als Einkommen der Pflegeperson;
26. die Hälfte der nach § 3 Nr. 36 des Einkommensteuergesetzes steuerfreien Einnahmen für Leistungen zu körperbezogenen Pflegemaßnahmen, pflegerischen Betreuungsmaßnahmen oder Hilfen bei der Haushaltsführung einer Person, die kein Haushaltsmitglied ist;
27. die Hälfte der als Zuschüsse erbrachten
    a) Leistungen zur Förderung der Ausbildung nach dem Bundesausbildungsförderungsgesetz, mit Ausnahme der Leistungen nach § 14a des Bundesausbildungsförderungsgesetzes in Verbindung mit den §§ 6 und 7 der Verordnung über Zusatzleistungen in Härtefällen nach dem Bundesausbildungsförderungsgesetz und mit Ausnahme des Kinderbetreuungszuschlages nach Maßgabe des § 14b des Bundesausbildungsförderungsgesetzes,
    b) Leistungen der Begabtenförderungswerke, soweit sie nicht von Nummer 28 erfasst sind,
    c) Stipendien, soweit sie nicht von Buchstabe b, Nummer 28 oder Nummer 29 erfasst sind,
    d) Berufsausbildungsbeihilfen und des Ausbildungsgeldes nach dem Dritten Buch Sozialgesetzbuch,
    e) Beiträge zur Deckung des Unterhaltsbedarfs nach dem Aufstiegsfortbildungsförderungsgesetz,
    f) Leistungen zur Sicherung des Lebensunterhaltes während des ausbildungsbegleitenden Praktikums oder der betrieblichen Berufsausbildung bei Teilnahme am Sonderprogramm Förderung der beruflichen Mobilität von ausbildungsinteressierten Jugendlichen und arbeitslosen jungen Fachkräften aus Europa;
28. die als Zuschuss gewährte Graduiertenförderung;

29. die Hälfte der nach § 3 Nr. 42 des Einkommensteuergesetzes steuerfreien Zuwendungen, die auf Grund des Fulbright-Abkommens gezahlt werden;
30. die wiederkehrenden Leistungen nach § 7 Absatz 1 Satz 1 Nummer 1 bis 9, auch wenn bei deren Berechnung die Kosten der Unterkunft nicht berücksichtigt worden sind, mit Ausnahme
    a) der darin enthaltenen Kosten der Unterkunft, wenn diese nicht für den Wohnraum gewährt werden, für den Wohngeld beantragt wurde,
    b) der von Nummer 24 oder Nummer 25 erfassten Leistungen,
    c) des Sozialgeldes, das ein zu berücksichtigendes Kind als Mitglied der Bedarfsgemeinschaft im Haushalt des getrennt lebenden anderen Elternteils anteilig erhält,
    d) der Hilfe zum Lebensunterhalt, die ein nach dem Dritten Kapitel des Zwölften Buches Sozialgesetzbuch leistungsberechtigtes Kind im Haushalt des getrennt lebenden Elternteils anteilig erhält, oder
    e) der Leistungen, die in den Fällen des § 7 Absatz 1 Satz 3 oder Absatz 2 Satz 2 erbracht werden, in denen kein Ausschluss vom Wohngeld besteht;
31. der Mietwert des von den in § 3 Abs. 1 Satz 2 Nr. 2 genannten Personen selbst genutzten Wohnraums.

(3) Zum Jahreseinkommen gehören nicht:
1. Einkünfte aus Vermietung oder Verpachtung eines Teils des Wohnraums, für den Wohngeld beantragt wird;
2. das Entgelt, das eine den Wohnraum mitbewohnende Person im Sinne des § 11 Abs. 2 Nr. 3 hierfür zahlt;
3. Leistungen einer nach § 68 des Aufenthaltsgesetzes verpflichteten Person, soweit sie von § 11 Abs. 2 Nr. 5 erfasst sind.

§ 15 Ermittlung des Jahreseinkommens

(1) Bei der Ermittlung des Jahreseinkommens ist das Einkommen zu Grunde zu legen, das im Zeitpunkt der Antragstellung im Bewilligungszeitraum zu erwarten ist. Hierzu können die Verhältnisse vor dem Zeitpunkt der Antragstellung herangezogen werden; § 24 Abs. 2 bleibt unberührt.

(2) Einmaliges Einkommen, das für einen bestimmten Zeitraum bezogen wird, ist diesem Zeitraum zuzurechnen. Ist kein Zurechnungszeitraum festgelegt oder vereinbart, so ist das einmalige Einkommen jeweils zu einem Drittel in den drei Jahren nach dem Zuflussmonat zuzurechnen. Ist das einmalige Einkommen vor der Antragstellung zugeflossen, ist es nur dann nach Satz 1 oder Satz 2 zuzurechnen, wenn es innerhalb von drei Jahren vor der Antragstellung zugeflossen ist.

(3) Sonderzuwendungen, Gratifikationen und gleichartige Bezüge und Vorteile, die in größeren als monatlichen Abständen gewährt werden, sind den im Bewilligungszeitraum liegenden Monaten zu je einem Zwölftel zuzurechnen, wenn sie in den nächsten zwölf Monaten nach Beginn des Bewilligungszeitraums zufließen.

(4) Beträgt der Bewilligungszeitraum nicht zwölf Monate, ist als Einkommen das Zwölffache des im Sinne der Absätze 1 bis 3 und des § 24 Abs. 2 im Bewilligungszeitraum zu erwartenden durchschnittlichen monatlichen Einkommens zu Grunde zu legen.

§ 16 Abzugsbeträge für Steuern und Sozialversicherungsbeiträge

Bei der Ermittlung des Jahreseinkommens sind von dem Betrag, der sich nach den §§ 14 und 15 ergibt, jeweils 10 Prozent abzuziehen, wenn zu erwarten ist, dass im Bewilligungszeitraum die folgenden Steuern und Pflichtbeiträge zu leisten sind:
1. Steuern vom Einkommen,
2. Pflichtbeiträge zur gesetzlichen Kranken- und Pflegeversicherung,
3. Pflichtbeiträge zur gesetzlichen Rentenversicherung.

Satz 1 Nummer 2 und 3 gilt entsprechend, wenn keine Pflichtbeiträge, aber laufende Beiträge zu öffentlichen oder privaten Versicherungen oder ähnlichen Einrichtungen zu leisten sind, die dem Zweck der Pflichtbeiträge nach Satz 1 Nummer 2 oder Nummer 3 entsprechen. Satz 2 gilt auch, wenn die Beiträge zu Gunsten eines zu berücksichtigenden Haushaltsmitgliedes zu leisten sind. Die Sätze 2 und 3 gelten nicht, wenn eine im Wesentlichen beitragsfreie Sicherung oder eine Sicherung besteht, für die Beiträge von Dritten zu leisten sind. Die Sätze 1 und 2 gelten bei einmaligem Einkommen im Sinne des § 15 Absatz 2 in jedem Jahr der Zurechnung entsprechend.

§ 17 Freibeträge

Bei der Ermittlung des Gesamteinkommens sind die folgenden jährlichen Freibeträge abzuziehen:
1. 1800 Euro für jedes schwerbehinderte zu berücksichtigende Haushaltsmitglied mit einem Grad der Behinderung
    a) von 100 oder
    b) von unter 100 bei Pflegebedürftigkeit im Sinne des § 14 des Elften Buches Sozialgesetzbuch und gleichzeitiger häuslicher oder teilstationärer Pflege oder Kurzzeitpflege;

5

2. 750 Euro für jedes zu berücksichtigende Haushaltsmitglied, das Opfer der nationalsozialistischen Verfolgung oder ihm im Sinne des Bundesentschädigungsgesetzes gleichgestellt ist;
3. 1320 Euro, wenn
   a) ein zu berücksichtigendes Haushaltsmitglied ausschließlich mit einem Kind oder mehreren Kindern Wohnraum gemeinsam bewohnt und
   b) mindestens eines dieser Kinder noch nicht 18 Jahre alt ist und für dieses Kindergeld nach dem Einkommensteuergesetz oder dem Bundeskindergeldgesetz oder eine in § 65 Absatz 1 Satz 1 des Einkommensteuergesetzes genannte Leistung gewährt wird;
4. ein Betrag in Höhe der eigenen Einnahmen aus Erwerbstätigkeit jedes Kindes eines Haushaltsmitgliedes, höchstens jedoch 1200 Euro, wenn das Kind ein zu berücksichtigendes Haushaltsmitglied und noch nicht 25 Jahre alt ist.

§ 18 Abzugsbeträge für Unterhaltsleistungen

Bei der Ermittlung des Gesamteinkommens sind die folgenden zu erwartenden Aufwendungen zur Erfüllung gesetzlicher Unterhaltsverpflichtungen abzuziehen:

1. bis zu 3000 Euro jährlich für ein zu berücksichtigendes Haushaltsmitglied, das wegen Berufsausbildung auswärts wohnt, soweit es nicht von Nummer 2 erfasst ist;
2. bis zu 3000 Euro jährlich für ein Kind, das Haushaltsmitglied nach § 5 Absatz 4 ist; dies gilt nur für Aufwendungen, die an das Kind als Haushaltsmitglied bei dem anderen Elternteil geleistet werden;
3. bis zu 6000 Euro jährlich für einen früheren oder dauernd getrennt lebenden Ehegatten oder Lebenspartner oder eine frühere oder dauernd getrennt lebende Lebenspartnerin, der oder die kein Haushaltsmitglied ist;
4. bis zu 3000 Euro jährlich für eine sonstige Person, die kein Haushaltsmitglied ist.

Liegt in den Fällen des Satzes 1 eine notariell beurkundete Unterhaltsvereinbarung, ein Unterhaltstitel oder ein Bescheid vor, sind die jährlichen Aufwendungen bis zu dem darin festgelegten Betrag abzuziehen.

Kapitel 5
Höhe des Wohngeldes

§ 19 Höhe des Wohngeldes

(1) Das ungerundete monatliche Wohngeld für bis zu zwölf zu berücksichtigende Haushaltsmitglieder beträgt

$$1{,}15 \cdot (M - (a + b \cdot M + c \cdot Y) \cdot Y) \text{ Euro.}$$

„M" ist die zu berücksichtigende monatliche Miete oder Belastung in Euro. „Y" ist das monatliche Gesamteinkommen in Euro. „a", „b" und „c" sind nach der Anzahl der zu berücksichtigenden Haushaltsmitglieder unterschiedene Werte und ergeben sich aus der Anlage 2.

(2) Die zur Berechnung des Wohngeldes erforderlichen Rechenschritte und Rundungen sind in der Reihenfolge auszuführen, die sich aus der Anlage 3 ergibt.

(3) Sind mehr als zwölf Haushaltsmitglieder zu berücksichtigen, erhöht sich für das 13. und jedes weitere zu berücksichtigende Haushaltsmitglied das nach den Absätzen 1 und 2 berechnete monatliche Wohngeld um jeweils 51 Euro, höchstens jedoch bis zur Höhe der zu berücksichtigenden Miete oder Belastung.

Teil 3
Nichtbestehen des Wohngeldanspruchs

§ 20 Gesetzeskonkurrenz

(1) (weggefallen)

(2) Es besteht kein Wohngeldanspruch, wenn allen Haushaltsmitgliedern eine der folgenden Leistungen dem Grunde nach zusteht oder im Fall ihres Antrages dem Grunde nach zustünde:

1. Leistungen zur Förderung der Ausbildung nach dem Bundesausbildungsförderungsgesetz,
2. Leistungen nach den §§ 56, 116 Absatz 3 oder 4 oder § 122 des Dritten Buches Sozialgesetzbuch oder
3. Leistungen zur Sicherung des Lebensunterhaltes während des ausbildungsbegleitenden Praktikums oder der betrieblichen Berufsausbildung bei Teilnahme am Sonderprogramm Förderung der beruflichen Mobilität von ausbildungsinteressierten Jugendlichen und arbeitslosen jungen Fachkräften aus Europa.

Satz 1 gilt auch, wenn dem Grunde nach Förderungsberechtigte der Höhe nach keinen Anspruch auf Förderung haben. Satz 1 gilt nicht, wenn die Leistungen ausschließlich als Darlehen gewährt werden. Ist Wohngeld für einen Zeitraum bewilligt, in den der Beginn der Ausbildung fällt, ist das Wohngeld bis zum Ablauf des Bewilligungszeitraums in gleicher Höhe weiterzuleisten; § 27 Abs. 2 und § 28 bleiben unberührt.

§ 21 Sonstige Gründe

Ein Wohngeldanspruch besteht nicht,

1. wenn das Wohngeld weniger als 10 Euro monatlich betragen würde,

2. wenn alle Haushaltsmitglieder nach den §§ 7 und 8 Abs. 1 vom Wohngeld ausgeschlossen sind oder
3. soweit die Inanspruchnahme missbräuchlich wäre, insbesondere wegen erheblichen Vermögens.

Teil 4 Bewilligung, Zahlung und Änderung des Wohngeldes

§ 22 Wohngeldantrag

(1) Wohngeld wird nur auf Antrag der wohngeldberechtigten Person geleistet.

(2) Im Fall des § 3 Abs. 3 wird vermutet, dass die antragstellende Person von den anderen Haushaltsmitgliedern als wohngeldberechtigte Person bestimmt ist.

(3) Zieht die wohngeldberechtigte Person aus oder stirbt sie, kann der Antrag nach § 27 Abs. 1 auch von einem anderen Haushaltsmitglied gestellt werden, das die Voraussetzungen des § 3 Abs. 1 oder Abs. 2 erfüllt. § 3 Abs. 3 bis 5 gilt entsprechend.

(4) Wird ein Wohngeldantrag für die Zeit nach dem laufenden Bewilligungszeitraum früher als zwei Monate vor Ablauf dieses Zeitraums gestellt, gilt der Erste des zweiten Monats vor Ablauf dieses Zeitraums als Zeitpunkt der Antragstellung im Sinne des § 24 Abs. 2.

(5) § 65a des Ersten und § 115 des Zehnten Buches Sozialgesetzbuch sind nicht anzuwenden.

§ 23 Auskunftspflicht

(1) Soweit die Durchführung dieses Gesetzes es erfordert, sind folgende Personen verpflichtet, auf Verlangen der Wohngeldbehörde Auskunft über ihre für das Wohngeld maßgebenden Verhältnisse zu geben:

1. die Haushaltsmitglieder,
2. die sonstigen Personen, die mit der wohngeldberechtigten Person den Wohnraum gemeinsam bewohnen, und
3. bei einer Prüfung nach § 21 Nr. 3 zur Feststellung eines Unterhaltsanspruchs auch
   a) der Ehegatte, der Lebenspartner oder die Lebenspartnerin,
   b) der frühere Ehegatte, der frühere Lebenspartner oder die frühere Lebenspartnerin,
   c) die Kinder der zu berücksichtigenden Haushaltsmitglieder und
   d) die Eltern der zu berücksichtigenden Haushaltsmitglieder,

   die keine Haushaltsmitglieder sind.

Die Haushaltsmitglieder sind verpflichtet, ihr Geschlecht anzugeben (§ 33 Abs. 3 Satz 1 Nr. 6 und § 35 Abs. 1 Nr. 5). Die wohngeldberechtigte Person hat im Wohngeldantrag nach § 22 und im Antrag nach § 27 Absatz 1 alle Tatsachen anzugeben, die für die Leistung erheblich sind.

(2) Soweit die Durchführung dieses Gesetzes es erfordert, sind die Arbeitgeber der zu berücksichtigenden Haushaltsmitglieder verpflichtet, auf Verlangen der Wohngeldbehörde über Art und Dauer des Arbeitsverhältnisses sowie über Arbeitsstätte und Arbeitsverdienst Auskunft zu geben.

(3) Der Empfänger oder die Empfängerin der Miete ist verpflichtet, auf Verlangen der Wohngeldbehörde über die Höhe und Zusammensetzung der Miete sowie über andere das Miet- oder Nutzungsverhältnis betreffende Umstände Auskunft zu geben, soweit die Durchführung dieses Gesetzes es erfordert.

(4) Zur Aufdeckung rechtswidriger Inanspruchnahme von Wohngeld sind die Kapitalerträge auszahlenden Stellen, denen ein zu berücksichtigendes Haushaltsmitglied einen Freistellungsauftrag für Kapitalerträge erteilt hat, verpflichtet, der Wohngeldbehörde Auskunft über die Höhe der zugeflossenen Kapitalerträge zu erteilen. § 21 Absatz 3 Satz 4 des Zehnten Buches Sozialgesetzbuch gilt entsprechend. Ein Auskunftsersuchen der Wohngeldbehörde ist nur zulässig, wenn auf Grund eines Datenabgleichs nach § 33 der Verdacht besteht oder feststeht, dass Wohngeld rechtswidrig in Anspruch genommen wurde oder wird und dass das zu berücksichtigende Haushaltsmitglied, auch soweit es dazu berechtigt ist, nicht oder nicht vollständig bei der Ermittlung der Kapitalerträge mitwirkt. Die Auslagen für Auskünfte von Kapitalerträge auszahlenden Stellen, die durch die Ermittlung der rechtswidrigen Inanspruchnahme von Wohngeld entstanden sind, sollen abweichend von § 64 Absatz 1 des Zehnten Buches Sozialgesetzbuch von der Person, die Wohngeld zu erstatten hat, erhoben werden.

(5) Auf die nach den Absätzen 1 bis 3 Auskunftspflichtigen sind die §§ 60 und 65 Abs. 1 und 3 des Ersten Buches Sozialgesetzbuch entsprechend anzuwenden.

§ 24 Wohngeldbehörde und Entscheidung

(1) Über den Wohngeldantrag muss die nach Landesrecht zuständige oder von der Landesregierung durch Rechtsverordnung oder auf sonstige Weise bestimmte Behörde (Wohngeldbehörde) schriftlich entscheiden. Die Landesregierung kann ihre Befugnis nach Satz 1, die Zuständigkeit der Wohngeldbehörden zu bestimmen, auf die für die Ausführung des Wohngeldgesetzes zuständige oberste

Landesbehörde übertragen. § 69 des Ersten Buches Sozialgesetzbuch bleibt unberührt.

(2) Der Entscheidung sind die Verhältnisse im Bewilligungszeitraum, die im Zeitpunkt der Antragstellung zu erwarten sind, zu Grunde zu legen. Treten nach dem Zeitpunkt der Antragstellung bis zur Bekanntgabe des Wohngeldbescheides Änderungen der Verhältnisse im Bewilligungszeitraum ein, sind sie grundsätzlich nicht zu berücksichtigen; Änderungen im Sinne des § 27 Absatz 1 und 2 oder § 28 Absatz 1 bis 3 sollen berücksichtigt werden. Satz 2 gilt für nach dem Zeitpunkt der Antragstellung bis zur Bekanntgabe des Wohngeldbescheides zu erwartende Änderungen entsprechend.

(3) Der Bewilligungsbescheid muss die in § 27 Abs. 3 Satz 1 Nr. 2 und 3 genannten Beträge ausweisen und einen Hinweis über die Mitteilungspflichten nach § 27 Abs. 3 und 4 sowie § 28 Abs. 1 Satz 2 und Abs. 4 Satz 1 enthalten. Er soll einen Hinweis enthalten, dass der Wohngeldantrag für die Zeit nach Ablauf des Bewilligungszeitraums wiederholt werden kann und dass eine Neuentscheidung von Amts wegen mit der Folge des Wohngeldwegfalles oder eines verringerten Wohngeldes auch dann möglich ist, wenn keine Mitteilungspflicht besteht.

(4) Erzielt mindestens eines der zu berücksichtigenden Haushaltsmitglieder Einkünfte aus selbständiger Arbeit, aus Gewerbebetrieb oder aus Land- und Forstwirtschaft, so kann der Wohngeldbewilligungsbescheid mit der Auflage verbunden werden, dass die Einkommensteuerbescheide, die den Zeitraum der Wohngeldbewilligung betreffen, unverzüglich der Wohngeldbehörde zur Prüfung, ob ein Fall des § 27 Absatz 2 Satz 1 Nummer 3 vorliegt, vorzulegen sind.

(5) Wenn infolge des Umzugs der wohngeldberechtigten Person eine andere Wohngeldbehörde zuständig wird, bleibt abweichend von § 44 Absatz 3 des Zehnten Buches Sozialgesetzbuch die Wohngeldbehörde, die den Wohngeldbescheid erlassen hat, zuständig für

1. die Aufhebung eines Wohngeldbescheides,
2. die Rückforderung des zu erstattenden Wohngeldes sowie
3. die Unterrichtung und den Hinweis nach § 28 Absatz 5.

§ 25 Bewilligungszeitraum

(1) Das Wohngeld soll für zwölf Monate bewilligt werden. Ist zu erwarten, dass sich die maßgeblichen Verhältnisse vor Ablauf von zwölf Monaten erheblich ändern, soll der Bewilligungszeitraum entsprechend verkürzt werden; im Einzelfall kann der Bewilligungszeitraum geteilt werden.

(2) Der Bewilligungszeitraum beginnt am Ersten des Monats, in dem der Wohngeldantrag gestellt worden ist. Treten die Voraussetzungen für die Bewilligung des Wohngeldes erst in einem späteren Monat ein, beginnt der Bewilligungszeitraum am Ersten dieses Monats.

(3) Der Bewilligungszeitraum beginnt am Ersten des Monats, von dem ab Leistungen im Sinne des § 7 Abs. 1 abgelehnt worden sind, wenn der Wohngeldantrag vor Ablauf des Kalendermonats gestellt wird, der auf die Kenntnis der Ablehnung folgt. Dies gilt entsprechend, wenn der Ausschluss nach § 8 Abs. 1 Satz 3 oder Abs. 2 als nicht erfolgt gilt.

(4) Ist ein Wohngeldbewilligungsbescheid nach § 28 Absatz 3 unwirksam geworden, beginnt der Wohngeldbewilligungszeitraum abweichend von § 25 Absatz 3 Satz 1 frühestens am Ersten des Monats, von dem an die Unwirksamkeit des Wohngeldbewilligungsbescheides eingetreten ist; dies gilt nur unter der Voraussetzung, dass der Wohngeldantrag vor Ablauf des Kalendermonats gestellt wird, der

1. auf die Kenntnis der Ablehnung einer Leistung nach § 7 Absatz 1 folgt oder
2. auf die Kenntnis von der Unwirksamkeit des Wohngeldbewilligungsbescheides folgt, wenn nur ein Teil der zu berücksichtigenden Haushaltsmitglieder nach § 7 vom Wohngeld ausgeschlossen ist.

Der Ablehnung einer Leistung nach § 7 Absatz 1 im Sinne des § 25 Absatz 4 Satz 1 Nummer 1 stehen die Fälle des § 8 Absatz 1 Satz 3 und Absatz 2 gleich. Wird eine Leistung nach § 7 Absatz 1 rückwirkend für alle zu berücksichtigenden Haushaltsmitglieder und nur für einen Teil des bisherigen Wohngeldbewilligungszeitraums gewährt, beginnt der neue Wohngeldbewilligungszeitraum am Ersten des Monats, von dem an die Leistung nach § 7 Absatz 1 nicht mehr gewährt wird; dies gilt nur unter der Voraussetzung, dass der Wohngeldantrag vor Ablauf des Kalendermonats gestellt wird, der auf die Kenntnis von dem Ende des Bewilligungszeitraums einer Leistung nach § 7 Absatz 1 folgt.

(5) Der neue Bewilligungszeitraum im Fall des § 27 Abs. 1 Satz 2 beginnt am Ersten des Monats, von dem an die erhöhte Miete oder Belastung rückwirkend berücksichtigt wird, wenn der Antrag vor Ablauf des Kalendermonats gestellt wird, der auf die Kenntnis von der Erhöhung der Miete oder Belastung folgt.

§ 26 Zahlung des Wohngeldes

(1) Das Wohngeld ist an die wohngeldberechtigte Person zu zahlen. Es kann mit schriftlicher Einwilli-

gung der wohngeldberechtigten Person oder, wenn dies im Einzelfall geboten ist, auch ohne deren Einwilligung, an ein anderes Haushaltsmitglied, an den Empfänger oder die Empfängerin der Miete oder in den Fällen des § 3 Abs. 1 Satz 2 Nr. 3 an den Leistungsträger im Sinne des § 12 des Ersten Buches Sozialgesetzbuch gezahlt werden. Wird das Wohngeld nach Satz 2 gezahlt, ist die wohngeldberechtigte Person hiervon zu unterrichten.

(2) Das Wohngeld ist monatlich im Voraus auf ein Konto eines Haushaltsmitgliedes bei einem Geldinstitut für das die Verordnung (EU) Nr. 260/2012 des Europäischen Parlaments und des Rates vom 14. März 2012 zur Festlegung der technischen Vorschriften und der Geschäftsanforderungen für Überweisungen und Lastschriften in Euro und zur Änderung der Verordnung (EG) Nr. 924/2009 (ABl. L 94 vom 30. 3. 2012, S. 22) gilt (Geldinstitut), zu zahlen. Ist ein solches Konto nicht vorhanden, kann das Wohngeld an den Wohnsitz der wohngeldberechtigten Person übermittelt werden; die dadurch veranlassten Kosten sollen vom Wohngeld abgezogen werden.

§ 27 Änderung des Wohngeldes

(1) Das Wohngeld ist auf Antrag neu zu bewilligen, wenn sich im laufenden Bewilligungszeitraum

1. die Anzahl der zu berücksichtigenden Haushaltsmitglieder erhöht,
2. die zu berücksichtigende Miete oder Belastung um mehr als 15 Prozent erhöht oder
3. das Gesamteinkommen um mehr als 15 Prozent verringert

und sich dadurch das Wohngeld erhöht. Im Fall des Satzes 1 Nr. 2 ist das Wohngeld auch rückwirkend zu bewilligen, frühestens jedoch ab Beginn des laufenden Bewilligungszeitraums, wenn sich die zu berücksichtigende Miete oder Belastung rückwirkend um mehr als 15 Prozent erhöht hat. Satz 1 Nr. 3 ist auch anzuwenden, wenn sich das Gesamteinkommen um mehr als 15 Prozent verringert, weil sich die Anzahl der zu berücksichtigenden Haushaltsmitglieder verringert hat.

(2) Über die Leistung des Wohngeldes ist von Amts wegen mit Wirkung ab dem Zeitpunkt der Änderung der Verhältnisse unter Aufhebung des Bewilligungsbescheides neu zu entscheiden, wenn sich im laufenden Bewilligungszeitraum nicht nur vorübergehend

1. die Anzahl der zu berücksichtigenden Haushaltsmitglieder auf mindestens ein zu berücksichtigendes Haushaltsmitglied verringert; § 6 Abs. 2 bleibt unberührt,
2. die zu berücksichtigende Miete oder Belastung um mehr als 15 Prozent verringert; § 6 Abs. 2 bleibt unberührt, oder
3. das Gesamteinkommen um mehr als 15 Prozent erhöht

und dadurch das Wohngeld wegfällt oder sich verringert. Als Zeitpunkt der Änderung der Verhältnisse gilt im Fall des Satzes 1 Nr. 1 der Tag nach dem Auszug, im Fall des Satzes 1 Nr. 2 der Beginn des Zeitraums, für den sich die zu berücksichtigende Miete oder Belastung um mehr als 15 Prozent verringert, und im Fall des Satzes 1 Nr. 3 der Beginn des Zeitraums, für den das erhöhte Einkommen bezogen wird, das zu einer Erhöhung des Gesamteinkommens um mehr als 15 Prozent führt. Tritt die Änderung der Verhältnisse nicht zum Ersten eines Monats ein, ist mit Wirkung vom Ersten des nächsten Monats an zu entscheiden. Satz 1 Nr. 3 ist auch anzuwenden, wenn sich das Gesamteinkommen um mehr als 15 Prozent erhöht, weil sich die Anzahl der zu berücksichtigenden Haushaltsmitglieder erhöht hat. Als Zeitpunkt der Antragstellung im Sinne des § 24 Abs. 2 gilt der Zeitpunkt der Kenntnis der Wohngeldbehörde von den geänderten Verhältnissen. Eine Neuentscheidung von Amts wegen muss innerhalb eines Jahres, nachdem die Wohngeldbehörde von der Änderung der Verhältnisse Kenntnis erlangt hat, erfolgen. Die Neuentscheidung ist unabhängig vom Bestehen einer Mitteilungspflicht.

(3) Die wohngeldberechtigte Person muss der Wohngeldbehörde unverzüglich mitteilen, wenn sich im laufenden Bewilligungszeitraum nicht nur vorübergehend

1. die Anzahl der zu berücksichtigenden Haushaltsmitglieder (§ 6 Abs. 1) auf mindestens ein zu berücksichtigendes Haushaltsmitglied verringert oder die Anzahl der vom Wohngeld ausgeschlossenen Haushaltsmitglieder (§§ 7 und 8 Abs. 1) erhöht,
2. die monatliche Miete (§ 9) oder die monatliche Belastung (§ 10) um mehr als 15 Prozent gegenüber der im Bewilligungsbescheid genannten Miete oder Belastung verringert oder
3. die Summe aus den monatlichen positiven Einkünften nach § 14 Abs. 1 und den monatlichen Einnahmen nach § 14 Abs. 2 aller zu berücksichtigenden Haushaltsmitglieder um mehr als 15 Prozent gegenüber dem im Bewilligungsbescheid genannten Betrag erhöht; dies gilt auch, wenn sich der Betrag um mehr als 15 Prozent erhöht, weil sich die Anzahl der zu berücksichtigenden Haushaltsmitglieder erhöht hat.

Die zu berücksichtigenden Haushaltsmitglieder sind verpflichtet, der wohngeldberechtigten Person

5

Änderungen ihrer monatlichen positiven Einkünfte nach § 14 Abs. 1 und ihrer monatlichen Einnahmen nach § 14 Abs 2 mitzuteilen.

(4) Die Absätze 2 und 3 gelten entsprechend, wenn sich die Änderungen nach Absatz 2 Satz 1 und 4 und Absatz 3 Satz 1 auf einen abgelaufenen Bewilligungszeitraum beziehen. Werden die Änderungen erst nach Ablauf des Bewilligungszeitraums bekannt und wirken sie auf einen oder mehrere abgelaufene Bewilligungszeiträume zurück, so ist eine Entscheidung nach Absatz 2 längstens für die drei Jahre, bevor die wohngeldberechtigte Person oder die zu berücksichtigenden Haushaltsmitglieder von der Änderung der Verhältnisse Kenntnis erlangt haben, zulässig; der Kenntnis steht die Nichtkenntnis infolge grober Fahrlässigkeit gleich. Hat die wohngeldberechtigte Person eine Änderung nach Absatz 2 Satz 1 und 4 im laufenden Bewilligungszeitraum nicht mitgeteilt und erhält die Wohngeldbehörde daher erst nach Ablauf des Bewilligungszeitraums von der Änderung Kenntnis, so ist eine Entscheidung nach Absatz 2 längstens für zehn Jahre seit Änderung der Verhältnisse zulässig.

5

§ 28 Unwirksamkeit des Bewilligungsbescheides und Wegfall des Wohngeldanspruchs

(1) Der Bewilligungsbescheid wird vom Ersten des Monats an unwirksam, in dem der Wohnraum, für den Wohngeld bewilligt ist, von keinem zu berücksichtigenden Haushaltsmitglied mehr genutzt wird; erfolgt die Nutzungsaufgabe nicht zum Ersten eines Monats, wird der Bewilligungsbescheid vom Ersten des nächsten Monats an unwirksam. Die wohngeldberechtigte Person muss der Wohngeldbehörde unverzüglich mitteilen, dass der Wohnraum nicht mehr genutzt wird. Der Wechsel des Wohnraums innerhalb desselben Heimes im Sinne des Heimgesetzes oder entsprechender Gesetze der Länder gilt nicht als Nutzungsaufgabe.

(2) Der Wohngeldanspruch fällt für den Monat weg, in dem das Wohngeld vollständig oder überwiegend nicht zur Bezahlung der Miete oder zur Aufbringung der Belastung verwendet wird (zweckwidrige Verwendung). Der Bewilligungsbescheid ist mit Wirkung vom Ersten des Monats der zweckwidrigen Verwendung an aufzuheben, wenn seine Bekanntgabe nicht länger als zehn Jahre und die Kenntnis der Wohngeldbehörde von der zweckwidrigen Verwendung nicht länger als ein Jahr zurückliegt. Die Sätze 1 und 2 gelten nicht, soweit der Wohngeldanspruch Gegenstand einer Aufrechnung, Verrechnung oder Pfändung nach den §§ 51, 52 und 54 des Ersten Buches Sozialgesetzbuch ist oder auf einen Leistungsträger im Sinne des § 12 des Ersten Buches Sozialgesetzbuch übergegangen ist.

(3) Der Bewilligungsbescheid wird von dem Zeitpunkt an unwirksam, ab dem ein zu berücksichtigendes Haushaltsmitglied nach den §§ 7 und 8 Abs. 1 vom Wohngeld ausgeschlossen ist. Im Fall des § 8 Abs. 1 Satz 3 bleibt der Bewilligungsbescheid unwirksam.

(4) Die wohngeldberechtigte Person muss der Wohngeldbehörde unverzüglich mitteilen, wenn für ein zu berücksichtigendes Haushaltsmitglied ein Verwaltungsverfahren zur Feststellung von Grund und Höhe einer Leistung nach § 7 Abs. 1 oder Abs. 2 begonnen hat oder ein zu berücksichtigendes Haushaltsmitglied eine Leistung nach § 7 Abs. 1 empfängt. Die zu berücksichtigenden Haushaltsmitglieder sind verpflichtet, der wohngeldberechtigten Person die in Satz 1 genannten Tatsachen mitzuteilen.

(5) Die wohngeldberechtigte Person ist von der Unwirksamkeit des Bewilligungsbescheides zu unterrichten und im Fall des Absatzes 3 auf die Antragsfrist nach § 25 Absatz 4 hinzuweisen.

(6) Der Wohngeldanspruch ändert sich nur wegen der in § 27, den vorstehenden Absätzen 1 bis 3, § 42a oder der in den §§ 42b bis 44 genannten Umstände.

§ 29 Haftung, Aufrechnung, Verrechnung und vorläufige Zahlungseinstellung

(1) Ist Wohngeld nach § 50 des Zehnten Buches Sozialgesetzbuch zu erstatten, haften neben der wohngeldberechtigten Person die volljährigen und bei Berechnung des Wohngeldes berücksichtigten Haushaltsmitglieder als Gesamtschuldner.

(2) Die Wohngeldbehörde kann mit Ansprüchen auf Erstattung zu Unrecht erbrachten Wohngeldes abweichend von § 51 Abs. 2 des Ersten Buches Sozialgesetzbuch gegen Wohngeldansprüche statt bis zu deren Hälfte in voller Höhe aufrechnen.

(3) Die Wohngeldbehörde kann Ansprüche eines anderen Leistungsträgers abweichend von § 52 des Ersten Buches Sozialgesetzbuch mit der ihr obliegenden Wohngeldleistung verrechnen, soweit nach Absatz 2 die Aufrechnung zulässig ist.

(4) Die Wohngeldbehörde kann die Zahlung des Wohngeldes ohne Erlass eines Bescheides vorläufig ganz oder teilweise einstellen, wenn sie Kenntnis von Tatsachen erhält, die die Annahme rechtfertigen, dass

1. der Bewilligungsbescheid bei Erlass rechtswidrig war und die wohngeldberechtigte Person sich nach § 45 Absatz 2 Satz 3 des Zehnten Buches Sozialgesetzbuch nicht auf Vertrauensschutz berufen kann oder

2. die Voraussetzungen des § 27 Absatz 2, auch in Verbindung mit Absatz 4 oder § 28 Absatz 1 bis 3, vorliegen.

Soweit die Kenntnis nicht auf Angaben der wohngeldberechtigten Person beruht, sind dieser unverzüglich die vorläufige Einstellung der Wohngeldzahlung sowie die dafür maßgeblichen Gründe mitzuteilen und ist ihr Gelegenheit zu geben, sich zu äußern. Die Wohngeldbehörde hat eine vorläufig eingestellte Wohngeldleistung unverzüglich nachzuzahlen, wenn nicht entweder der Bewilligungsbescheid, aus dem sich der Anspruch ergibt, zwei Monate nach der Einstellung der Zahlung mit Wirkung für die Vergangenheit aufgehoben oder nachträglich die Unwirksamkeit des Bewilligungsbescheides festgestellt worden ist. Satz 3 gilt nicht, wenn die Wohngeldleistung zwischenzeitlich nach Maßgabe des § 66 des Ersten Buches Sozialgesetzbuch entzogen wurde.

§ 30 Rücküberweisung und Erstattung im Todesfall

(1) Wird der Bewilligungsbescheid nach § 28 Abs. 1 Satz 1 auf Grund eines Todesfalles unwirksam, gilt Wohngeld, das für die Zeit nach dem Tod des zu berücksichtigenden Haushaltsmitgliedes auf ein Konto bei einem Geldinstitut überwiesen wurde, als unter Vorbehalt geleistet. Das Geldinstitut muss es der überweisenden Behörde oder der Wohngeldbehörde zurücküberweisen, wenn diese es als zu Unrecht geleistet zurückfordert. Eine Verpflichtung zur Rücküberweisung besteht nicht, soweit

1. über den entsprechenden Betrag bei Eingang der Rückforderung bereits anderweitig verfügt worden ist, es sei denn, die Rücküberweisung kann aus einem Guthaben erfolgen, oder
2. die Wohngeldbehörde das Wohngeld an den Empfänger oder die Empfängerin der Miete überwiesen hat.

Das Geldinstitut darf den nach Satz 1 überwiesenen Betrag nicht zur Befriedigung eigener Forderungen verwenden.

(2) Wird der Bewilligungsbescheid nach § 28 Abs. 1 Satz 1 auf Grund eines Todesfalles unwirksam und ist Wohngeld weiterhin geleistet worden, sind mit Ausnahme des Empfängers oder der Empfängerin der Miete folgende Personen verpflichtet, der Wohngeldbehörde den entsprechenden Betrag zu erstatten:

1. Personen, die das Wohngeld unmittelbar in Empfang genommen haben,
2. Personen, auf deren Konto der entsprechende Betrag durch ein banküblisches Zahlungsgeschäft weitergeleitet wurde, und
3. Personen, die über den entsprechenden Betrag verfügungsberechtigt sind und ein bankübliches Zahlungsgeschäft zu Lasten des Kontos vorgenommen oder zugelassen haben.

Der Erstattungsanspruch ist durch Verwaltungsakt geltend zu machen. Ein Geldinstitut, das eine Rücküberweisung mit dem Hinweis abgelehnt hat, dass über den entsprechenden Betrag bereits anderweitig verfügt wurde, muss der überweisenden Behörde oder der Wohngeldbehörde auf Verlangen Name und Anschrift der in Satz 1 Nr. 2 und 3 genannten Personen und etwaiger neuer Kontoinhaber oder Kontoinhaberinnen benennen. Ein Anspruch nach § 50 des Zehnten Buches Sozialgesetzbuch bleibt unberührt.

(3) Der Rücküberweisungs- und der Erstattungsanspruch verjähren in vier Jahren nach Ablauf des Kalenderjahres, in dem die Wohngeldbehörde Kenntnis von der Überzahlung erlangt hat.

§ 31 Rücknahme eines rechtswidrigen nicht begünstigenden Wohngeldbescheides

Wird ein rechtswidriger nicht begünstigender Wohngeldbescheid mit Wirkung für die Vergangenheit zurückgenommen, muss die Wohngeldbehörde längstens für zwei Jahre vor der Rücknahme Wohngeld leisten. Im Übrigen bleibt § 44 des Zehnten Buches Sozialgesetzbuch unberührt.

Teil 5
Kostentragung und Datenabgleich

§ 32 Erstattung des Wohngeldes durch den Bund

Wohngeld nach diesem Gesetz, das von einem Land gezahlt worden ist, ist diesem zur Hälfte vom Bund zu erstatten.

§ 33 Datenabgleich

(1) Die Wohngeldbehörde ist verpflichtet, auf Verlangen

1. der zuständigen Behörde für die Erhebung der Ausgleichszahlung nach dem Gesetz über den Abbau der Fehlsubventionierung im Wohnungswesen und den hierzu erlassenen landesrechtlichen Vorschriften und
2. der jeweils zuständigen Behörde nach entsprechenden Gesetzen der Länder

diesen Behörden mitzuteilen, ob der betroffene Wohnungsinhaber Wohngeld erhält. Maßgebend hierfür ist der Zeitraum, der zwischen dem Zeitpunkt nach § 3 Abs. 2 des Gesetzes über den Abbau der Fehlsubventionierung im Wohnungswesen und den hierzu erlassenen landesrechtlichen Vorschriften oder nach entsprechenden Gesetzen der Länder und der Erteilung des Bescheides über die Ausgleichszahlung liegt.

(2) Die Wohngeldbehörde darf, um die rechtswidrige Inanspruchnahme von Wohngeld zu vermeiden oder aufzudecken, die Haushaltsmitglieder regelmäßig durch einen Datenabgleich daraufhin überprüfen,

1. ob und für welche Zeiträume Leistungen nach § 7 Abs. 1 beantragt oder empfangen werden oder wurden oder ein Ausschlussgrund nach § 7 Abs. 2, Abs. 3 oder § 8 Abs. 1 vorliegt oder vorlag,
2. ob und welche Daten nach § 45d Abs. 1 und § 45e des Einkommensteuergesetzes, insbesondere zu der Höhe von Kapitalerträgen, für die ein Freistellungsauftrag erteilt worden ist, dem Bundeszentralamt für Steuern übermittelt worden sind,
3. ob und für welche Zeiträume bereits Wohngeld beantragt oder empfangen wird oder wurde,
4. ob und von welchem Zeitpunkt an die Bundesagentur für Arbeit die Leistung von Arbeitslosengeld eingestellt hat,
5. ob, mit welchem Wohnungsstatus und von welchem Zeitpunkt an ein Haushaltsmitglied unter der Anschrift der Wohnung, für die Wohngeld beantragt wird oder geleistet wird oder wurde, bei der Meldebehörde gemeldet ist oder nicht mehr gemeldet ist und unter welcher neuen Anschrift es gemeldet ist,
6. ob, für welche Zeiträume und bei welchem Arbeitgeber eine Versicherungspflicht im Sinne des § 2 Abs. 1 des Vierten Buches Sozialgesetzbuch oder eine geringfügige Beschäftigung besteht oder bestand und entsprechende Daten an die Datenstelle der Rentenversicherung (Datenstelle) und die Minijob-Zentrale der Deutschen Rentenversicherung Knappschaft-Bahn-See übermittelt worden sind,
7. ob, in welcher Höhe und für welche Zeiträume Leistungen der Renten- und Unfallversicherungen durch die Deutsche Post AG oder die Deutsche Rentenversicherung Knappschaft-Bahn-See gezahlt worden sind.

Richtet sich eine Überprüfung auf einen abgelaufenen Bewilligungszeitraum, ist diese bis zum Ablauf von zehn Jahren nach Bekanntgabe des zugehörigen Bewilligungsbescheides zulässig.

(3) Zur Durchführung des Datenabgleichs dürfen nur

1. Familienname, Vornamen unter Kennzeichnung des gebräuchlichen Vornamens, Geburtsname,
2. Geburtsdatum, Geburtsort,
3. Anschrift der Wohnung, für die Wohngeld beantragt oder bewilligt wurde,
4. Tatsache des Wohngeldantrages und des Wohngeldempfangs,
5. Zeitraum des Wohngeldempfangs und
6. Geschlecht

an die in Absatz 1 Satz 1 und Absatz 2 Satz 1 Nr. 2, 4, 6 und 7 genannten und die für die Leistungen nach Absatz 2 Satz 1 Nummer 1 und 3 zuständigen Stellen sowie an die Meldebehörden übermittelt werden. Die Daten, die der Wohngeldbehörde oder der sonst nach Landesrecht für den Datenabgleich zuständigen oder von der Landesregierung durch Rechtsverordnung oder auf sonstige Weise für den Datenabgleich bestimmten Stelle (zentralen Landesstelle) übermittelt werden, dürfen nur für den Zweck der Überprüfung nach den Absätzen 1 und 2 genutzt werden. Die übermittelten Daten, bei denen die Überprüfung zu keinen abweichenden Feststellungen führt, sind unverzüglich zu löschen oder zu vernichten. Die betroffenen Personen sind von der Wohngeldbehörde auf die Datenübermittlung hinzuweisen.

(4) Die in Absatz 2 Satz 1 Nummer 2, 4, 6 und 7 genannten und die für die Leistungen nach Absatz 2 Satz 1 Nummer 1 und 3 zuständigen Stellen sowie die Meldebehörden führen den Datenabgleich durch und übermitteln die Daten über Feststellungen im Sinne des Absatzes 2 an die Wohngeldbehörde oder die zentrale Landesstelle oder über die zentrale Landesstelle an die Wohngeldbehörde. Die jenen Stellen überlassenen Daten und Datenträger sind nach Durchführung des Datenabgleichs unverzüglich zurückzugeben, zu löschen oder zu vernichten.

(5) Der Datenabgleich nach den Absätzen 1 und 2 ist auch in automatisierter Form zulässig. Hierzu dürfen die erforderlichen Daten nach den Absätzen 1 bis 3 auch der Datenstelle als Vermittlungsstelle übermittelt werden. Die Datenstelle darf die nach den Absätzen 1 bis 3 übermittelten Daten speichern, nutzen und an die in Absatz 2 Satz 1 Nr. 2, 4, 6 und 7 genannten Stellen weiter übermitteln, soweit dies für den Datenabgleich nach den Absätzen 1 und 2 erforderlich ist. Die Datenstelle darf die nach § 52 Absatz 1 und 2 des Zweiten Buches Sozialgesetzbuch und nach § 118 Absatz 2 des Zwölften Buches Sozialgesetzbuch übermittelten Daten sowie die Daten der Stammsatzdatei im Sinne des § 150 des Sechsten Buches Sozialgesetzbuch und des bei ihr für die Prüfung bei den Arbeitgebern geführten Dateisystems im Sinne des § 28p Absatz 8 Satz 3 des Vierten Buches Sozialgesetzbuch nutzen, soweit dies für den Datenabgleich nach den Absätzen 1 und 2 erforderlich ist. Die Datenstelle gleicht die übermittelten Daten ab und leitet Feststellungen im Sinne des Absatzes 2

an die übermittelnde Wohngeldbehörde oder die zentrale Landesstelle oder über die zentrale Landesstelle an die übermittelnde Wohngeldbehörde zurück. Die nach Satz 3 bei der Datenstelle gespeicherten Daten sind unverzüglich nach Abschluss der Datenabgleiche zu löschen. Bei einer Weiterübermittlung der Daten nach Satz 3 gilt Absatz 4 für die in Absatz 2 Satz 1 Nr. 2, 4, 6 und 7 genannten Stellen entsprechend.

(6) Die Landesregierung kann ihre Befugnis, eine zentrale Landesstelle für den Datenabgleich zu bestimmen (Absatz 3 Satz 2, Absatz 4 Satz 1 und Absatz 5 Satz 5), auf die für die Ausführung des Wohngeldgesetzes zuständige oberste Landesbehörde übertragen. § 69 des Ersten Buches Sozialgesetzbuch bleibt unberührt.

(7) Die Landesregierungen werden ermächtigt, durch Rechtsverordnung die Einzelheiten des Verfahrens des automatisierten Datenabgleichs und die Kosten des Verfahrens zu regeln, solange und soweit nicht die Bundesregierung von der Ermächtigung nach § 38 Nr. 3 Gebrauch gemacht hat.

Teil 6
Wohngeldstatistik

§ 34 Zweck der Wohngeldstatistik, Auskunfts- und Hinweispflicht

(1) Über die Anträge und Entscheidungen nach diesem Gesetz sowie über die persönlichen und sachlichen Verhältnisse der zu berücksichtigenden Haushaltsmitglieder, die für die Berechnung des regionalen Mietenniveaus (§ 12 Abs. 3 und 4), den Wohngeld- und Mietenbericht (§ 39), die Beurteilung der Auswirkungen dieses Gesetzes und dessen Fortentwicklung erforderlich sind, ist eine Bundesstatistik zu führen.

(2) Für die Erhebung sind die Wohngeldbehörden auskunftspflichtig. Die Angaben der in § 23 Abs. 1 bis 3 bezeichneten Personen dienen zur Ermittlung der statistischen Daten im Rahmen der Erhebungsmerkmale (§ 35).

(3) Die wohngeldberechtigte Person ist auf die Verwendung der auf Grund der Bearbeitung bekannten Daten für die Wohngeldstatistik und auf die Möglichkeit der Übermittlung nach § 36 Abs. 2 Satz 2 hinzuweisen.

§ 35 Erhebungs- und Hilfsmerkmale

(1) Erhebungsmerkmale sind

1. die Art des Wohngeldantrages und der Entscheidung;
2. der Betrag des im Erhebungszeitraum gezahlten Wohngeldes;
3. der Beginn und das Ende des Bewilligungszeitraums nach Monat und Jahr; die Art und die Höhe des monatlichen Wohngeldes;
4. die Anzahl der zu berücksichtigenden Haushaltsmitglieder, ihre jeweilige Beteiligung am Erwerbsleben und Stellung im Beruf sowie jeweils die Anzahl derjenigen zu berücksichtigenden Haushaltsmitglieder, die
   a) noch nicht 18 Jahre alt sind oder
   b) mindestens 18 Jahre, aber noch nicht 25 Jahre alt sind;

   ist mindestens ein Haushaltsmitglied vom Wohngeld ausgeschlossen, sind auch die Gesamtzahl der Haushaltsmitglieder und die Zahl der vom Wohngeld ausgeschlossenen Haushaltsmitglieder Erhebungsmerkmale;
5. das jeweilige Geschlecht der zu berücksichtigenden Haushaltsmitglieder;
6. der bei der Berechnung des Wohngeldes berücksichtigte Höchstbetrag für Miete und Belastung (§ 12 Abs. 1), im Fall des § 11 Abs. 3 der Anteil des Höchstbetrages, der dem Anteil der zu berücksichtigenden Haushaltsmitglieder an der Gesamtzahl der Haushaltsmitglieder entspricht;
7. die Wohnverhältnisse der zu berücksichtigenden Haushaltsmitglieder nach Größe der Wohnung, nach Höhe der monatlichen Miete oder Belastung, im Fall des § 10 Abs. 2 Satz 2 die Belastung aus Zinsen und Tilgung, nach öffentlicher Förderung der Wohnung oder Förderung nach dem Wohnraumförderungsgesetz oder entsprechenden Gesetzen der Länder, der Grund der Wohngeldberechtigung (§ 3 Abs. 1 bis 3) sowie die Gemeinde und deren Mietenstufe (§ 12); ist mindestens ein Haushaltsmitglied vom Wohngeld ausgeschlossen, sind die Größe der Wohnung und die Höhe der monatlichen Miete oder Belastung kopfteilig zu erheben;
8. a) das monatliche Gesamteinkommen, die Freibeträge nach § 17 und die Abzugsbeträge für Unterhaltsleistungen nach § 18;
   b) die Summe der positiven Einkünfte und der Einnahmen nach § 14 sowie die Abzugsbeträge für Steuern und Sozialversicherungsbeiträge nach § 16 für jedes einzelne zu berücksichtigende Haushaltsmitglied;

   im Fall einer nach den §§ 7 und 8 Absatz 1 vom Wohngeld ausgeschlossenen wohngeldberechtigten Person ist die Art der beantragten oder empfangenen Leistung nach § 7 Absatz 1 Erhebungsmerkmal;
9. das Datum der Berechnung des Wohngeldes und die angewandte Gesetzesfassung.

(2) Hilfsmerkmale sind:

1. Name und Anschrift der auskunftspflichtigen Wohngeldbehörde;
2. Wohngeldnummern; diese dürfen keine Angaben über persönliche oder sachliche Verhältnisse der wohngeldberechtigten Personen sowie der in § 23 Absatz 1 bis 3 bezeichneten Personen enthalten oder einen Rückschluss auf diese Verhältnisse zulassen.

Die Wohngeldnummern sind zu löschen, sobald bei den statistischen Landesämtern die Überprüfung der Erhebungs- und Hilfsmerkmale auf ihre Schlüssigkeit und Vollständigkeit sowie die Erstellung und Prüfung von Ergebnissen aus der Bestandsfortschreibung abgeschlossen sind, spätestens jedoch nach Ablauf von fünf Jahren seit dem Zeitpunkt, zu dem die Erhebung durchgeführt worden ist (§ 36 Absatz 1).

5

§ 36 Erhebungszeitraum und Zusatzaufbereitungen

(1) Die Erhebung der Angaben nach § 35 Abs. 1 ist vierteljährlich für das jeweils abgelaufene Kalendervierteljahr durchzuführen. Die statistischen Landesämter stellen dem Statistischen Bundesamt unverzüglich nach Ablauf des Erhebungszeitraums oder zu dem in der Rechtsverordnung nach § 38 angegebenen Zeitpunkt folgende Angaben zur Verfügung:

1. vierteljährlich
   a) für den Erhebungszeitraum die Angaben nach § 35 Abs. 1 Nr. 1 bis 3;
   b) für den vergleichbaren Erhebungszeitraum des vorausgehenden Kalenderjahres die Angaben nach § 35 Abs. 1 Nr. 1 und 3 unter Berücksichtigung der rückwirkenden Entscheidungen aus den folgenden zwölf Monaten;
2. jährlich die Angaben nach § 35 Abs. 1 Nr. 3 bis 9 für den Monat Dezember unter Berücksichtigung der rückwirkenden Entscheidungen aus dem folgenden Kalendervierteljahr.

(2) Einzelangaben nach § 35 Abs. 1 aus einer Zufallsstichprobe mit einem Auswahlsatz von 25 Prozent der wohngeldberechtigten Personen sind dem Statistischen Bundesamt jährlich unverzüglich nach Ablauf des Erhebungszeitraums für Zusatzaufbereitungen zur Verfügung zu stellen. Zu diesem Zweck dürfen die Einzelangaben auch dem Bundesministerium des Innern, für Bau und Heimat oder, wenn die Aufgabe der Zusatzaufbereitung an das Bundesamt für Bauwesen und Raumordnung übertragen worden ist, an dieses übermittelt werden. Dabei sind mehr als fünf zu berücksichtigende Haushaltsmitglieder, die Wohnraum gemeinsam bewohnen, in einer Gruppe zusammenzufassen. Bei der empfangenden Stelle ist eine Organisationseinheit einzurichten, die räumlich, organisatorisch und personell von anderen Aufgabenbereichen zu trennen ist. Die in dieser Organisationseinheit tätigen Personen müssen Amtsträger oder für den öffentlichen Dienst besonders Verpflichtete sein. Sie dürfen aus ihrer Tätigkeit gewonnene Erkenntnisse nur für Zwecke des § 34 Abs. 1 verwenden. Die nach Satz 2 übermittelten Einzelangaben dürfen nicht mit anderen Daten zusammengeführt werden.

Teil 7
Schlussvorschriften

§ 37 Bußgeld

(1) Ordnungswidrig handelt, wer vorsätzlich oder leichtfertig

1. entgegen § 23 Absatz 1 Satz 1, Absatz 2 oder Absatz 3 eine Auskunft nicht, nicht richtig, nicht vollständig oder nicht rechtzeitig gibt,
2. entgegen § 23 Absatz 1 Satz 3 eine Angabe nicht richtig macht oder
3. entgegen § 27 Abs. 3 Satz 1, auch in Verbindung mit Abs. 4, oder § 28 Abs. 1 Satz 2 oder Abs. 4 Satz 1 eine Änderung in den Verhältnissen, die für den Wohngeldanspruch erheblich ist, nicht, nicht richtig, nicht vollständig oder nicht rechtzeitig mitteilt.

(2) Die Ordnungswidrigkeit kann mit einer Geldbuße bis zu zweitausend Euro geahndet werden.

(3) Verwaltungsbehörden im Sinne des § 36 Abs. 1 Nr. 1 des Gesetzes über Ordnungswidrigkeiten sind die Wohngeldbehörden.

§ 38 Verordnungsermächtigung

Die Bundesregierung wird ermächtigt, durch Rechtsverordnung mit Zustimmung des Bundesrates

1. nähere Vorschriften zur Durchführung dieses Gesetzes über die Ermittlung
   a) der zu berücksichtigenden Miete oder Belastung (§§ 9 bis 12) und
   b) des Einkommens (§§ 13 bis 18)

   zu erlassen, wobei pauschalierende Regelungen getroffen werden dürfen, soweit die Ermittlung im Einzelnen nicht oder nur mit unverhältnismäßig großen Schwierigkeiten möglich ist;
2. die Mietenstufen für Gemeinden festzulegen (§ 12);
3. die Einzelheiten des Verfahrens des automatisierten Datenabgleichs und die Kosten des Verfahrens (§ 33) zu regeln; dabei kann auch gere-

gelt werden, dass die Länder der Datenstelle die Kosten für die Durchführung des Datenabgleichs zu erstatten haben;

4. die Höchstbeträge für Miete und Belastung (Anlage 1) und die Werte für „b" und „c" (Anlage 2) nach einer gesetzlichen Änderung nach § 43 zum 1. Januar jedes zweiten Jahres fortzuschreiben und die bisherigen Höchstbeträge in Anlage 1 und Werte in Anlage 2 zu ersetzen. Soweit der Deutsche Bundestag beschließt, die Höchstbeträge für Miete und Belastung (§ 12 Absatz 1), die Mietenstufen (§ 12 Absatz 2) oder die Höhe des Wohngeldes (§ 19) für ein solches Jahr neu festzusetzen, hat dieser Beschluss Vorrang gegenüber der Verordnungsermächtigung.

§ 39 Wohngeld- und Mietenbericht; Bericht über die Lage und Entwicklung der Wohnungs- und Immobilienwirtschaft in Deutschland

(1) Die Höchstbeträge für Miete und Belastung (§ 12 Absatz 1), die Mietenstufen (§ 12 Absatz 2) und die Höhe des Wohngeldes (§ 19) sind alle zwei Jahre zu überprüfen. Dabei ist der bundesdurchschnittlichen und regionalen Entwicklung der Wohnkosten sowie der Veränderung der Einkommensverhältnisse und der Lebenshaltungskosten Rechnung zu tragen. Die Bundesregierung berichtet dem Deutschen Bundestag über die Überprüfung nach den Sätzen 1 und 2, über die Durchführung dieses Gesetzes und über die Entwicklung der Mieten für Wohnraum alle zwei Jahre bis zum 30. Juni. Dabei fließen auch miet- und wohnungsmarktrelevante Daten der Länder ein. Der erste erweiterte Bericht erfolgt bis zum 30. Juni 2017.

(2) Die Bundesregierung berichtet dem Deutschen Bundestag über die Lage und Entwicklung der Wohnungs- und Immobilienwirtschaft in Deutschland alle vier Jahre bis zum 30. Juni. Der nächste Bericht erfolgt bis zum 30. Juni 2017. Eine im gleichen Jahr vorzulegende Berichterstattung nach Absatz 1 ist jeweils zu integrieren.

§ 40 Einkommen bei anderen Sozialleistungen

Das einer vom Wohngeld ausgeschlossenen wohngeldberechtigten Person bewilligte Wohngeld ist bei Sozialleistungen nicht als deren Einkommen zu berücksichtigen.

§ 41 Auswirkung von Rechtsänderungen auf die Wohngeldentscheidung

(1) Ist im Zeitpunkt des Inkrafttretens von Änderungen dieses Gesetzes oder der Wohngeldverordnung über einen Wohngeldantrag noch nicht entschieden, ist für die Zeit bis zum Inkrafttreten der Änderungen nach dem bis dahin geltenden Recht, für die darauf folgende Zeit nach dem neuen Recht zu entscheiden. Ist über einen nach dem Zeitpunkt des Inkrafttretens von Änderungen dieses Gesetzes oder der Wohngeldverordnung gestellten Wohngeldantrag, einen Antrag nach § 27 Absatz 1 oder in einem Verfahren nach § 27 Absatz 2 zu entscheiden und beginnt der Bewilligungszeitraum vor dem Zeitpunkt des Inkrafttretens von Änderungen dieses Gesetzes oder der Wohngeldverordnung, ist Satz 1 entsprechend anzuwenden.

(2) Ist vor dem Inkrafttreten von Änderungen dieses Gesetzes oder der Wohngeldverordnung über einen Wohngeldantrag entschieden worden, verbleibt es für die Leistung des Wohngeldes auf Grund dieses Antrages bei der Anwendung des jeweils bis zu der Entscheidung geltenden Rechts.

Teil 8
Überleitungsvorschriften

§ 42 Gesetz zur Neuregelung des Wohngeldrechts und zur Änderung des Sozialgesetzbuches

(1) Ist bis zum 31. Dezember 2008 über einen Wohngeldantrag, einen Antrag nach § 29 Abs. 1 oder Abs. 2 des Wohngeldgesetzes in der bis zum 31. Dezember 2008 geltenden Fassung oder in einem Verfahren nach § 29 Abs. 3 des Wohngeldgesetzes in der bis zum 31. Dezember 2008 geltenden Fassung noch nicht entschieden worden, ist für die Zeit bis zum 31. Dezember 2008 nach dem bis dahin geltenden Recht, für die darauf folgende Zeit nach dem neuen Recht zu entscheiden. Ist in den Fällen des Satzes 1 das ab dem 1. Januar 2009 zu bewilligende Wohngeld geringer als das für Dezember 2008 zu bewilligende Wohngeld, verbleibt es auch für den Teil des Bewilligungszeitraums ab dem 1. Januar 2009 bei diesem Wohngeld; § 24 Abs. 2 und § 27 Abs. 2 bleiben unberührt.

(2) Ist Wohngeld vor dem 1. Januar 2009 bewilligt worden und liegt mindestens ein Teil des Bewilligungszeitraums im Jahr 2009, ist von Amts wegen über die Leistung des Wohngeldes für den nach dem 31. Dezember 2008 liegenden Teil des Bewilligungszeitraums unter Anwendung des ab dem 1. Januar 2009 geltenden Rechts nach Ablauf des Bewilligungszeitraums schriftlich neu zu entscheiden; ergibt sich kein höheres Wohngeld, verbleibt es bei dem bereits bewilligten Wohngeld. In den Fällen des Satzes 1 sind bei der Entscheidung abweichend von § 24 Abs. 2 die tatsächlichen Verhältnisse im Zeitraum, für den über die Leistung des Wohngeldes rückwirkend neu zu entscheiden ist, zu Grunde zu legen. Die §§ 29 und 30 des Wohngeldgesetzes in der bis zum 31. Dezember 2008 gel-

5

tenden Fassung und die §§ 27 und 28 bleiben unberührt. Liegt das Ende des Bewilligungszeitraums, über den nach Satz 1 neu zu entscheiden ist, nach dem 31. März 2009, kann eine angemessene vorläufige Zahlung geleistet werden.

(3) Ist über einen nach dem 31. Dezember 2008 gestellten Wohngeldantrag, einen Antrag nach § 27 Abs. 1 oder in einem Verfahren nach § 27 Abs. 2 zu entscheiden und beginnt der Bewilligungszeitraum vor dem 1. Januar 2009, ist Absatz 1 entsprechend anzuwenden.

(4) Wären bei einer Entscheidung nach den Absätzen 1 und 3 Haushaltsmitglieder nach § 6 zu berücksichtigen, die in einem anderen Bescheid für denselben Wohnraum bereits als zum Haushalt rechnende Familienmitglieder berücksichtigt worden sind, bleibt dieser andere Bescheid von der Entscheidung nach den Absätzen 1 und 3 unberührt. Bei der Entscheidung nach den Absätzen 1 und 3 ist das Wohngeld ohne die Haushaltsmitglieder nach Satz 1 und unter entsprechender Anwendung des § 11 Abs. 3 zu berechnen. Die Fälle der Sätze 1 und 2 gelten als erhebliche Änderung der maßgeblichen Verhältnisse nach § 25 Abs. 1 Satz 2.

(5) Bei Wohn- und Wirtschaftsgemeinschaften von Personen, welche die Voraussetzungen nach § 4 des Wohngeldgesetzes in der bis zum 31. Dezember 2008 geltenden Fassung nicht erfüllen und keinen gemeinsamen Wohngeldbescheid erhalten haben, ist bei der Entscheidung nach Absatz 2 rückwirkend das Wohngeld gemeinsam zu berechnen, wenn die Voraussetzungen nach den §§ 5 und 6 Abs. 1 erfüllt werden. Enden die Bewilligungszeiträume in den Fällen des Satzes 1 nicht gleichzeitig, ist abweichend von Absatz 2 Satz 1 Halbsatz 1 nach dem Ende des zuletzt ablaufenden Bewilligungszeitraums für alle zu berücksichtigenden Haushaltsmitglieder nach § 6 einheitlich neu zu entscheiden. Beträgt der Zeitraum zwischen dem Ende des zuerst ablaufenden Bewilligungszeitraums und dem Ende des zuletzt ablaufenden Bewilligungszeitraums mehr als drei Monate, ist auf Antrag eine angemessene vorläufige Zahlung zu leisten.

§ 42a Übergangsregelung aus Anlass des Gesetzes zur Reform des Wohngeldrechts und zur Änderung des Wohnraumförderungsgesetzes

(1) Ist Wohngeld vor dem 1. Januar 2016 bewilligt worden und liegt mindestens ein Teil des Bewilligungszeitraums nach dem 31. Dezember 2015, so ist abweichend von § 41 Absatz 2 von Amts wegen über die Leistung des Wohngeldes für den Zeitraum vom 1. Januar 2016 bis zum Ende des bisherigen Bewilligungszeitraums neu zu entscheiden. Bei der Entscheidung nach Satz 1 sind die §§ 12 und 16 Satz 1 bis 4 und § 19 dieses Gesetzes sowie die Anlage zu § 1 Absatz 3 der Wohngeldverordnung in der ab dem 1. Januar 2016 geltenden Fassung anzuwenden, alle anderen Vorschriften in der bis zum 31. Dezember 2015 geltenden Fassung. Ergibt sich bei der Entscheidung nach Satz 1 kein höheres Wohngeld, verbleibt es bis zum Ende des bisherigen Bewilligungszeitraums bei dem bereits bewilligten Wohngeld. Ist bei der Entscheidung nach Satz 1 nicht berücksichtigt worden, dass sich die Anzahl der zu berücksichtigenden Haushaltsmitglieder, die zu berücksichtigende Miete oder Belastung oder das Gesamteinkommen verändert hat oder das Wohngeld zweckwidrig verwendet wird, so ist abweichend von § 45 des Zehnten Buches Sozialgesetzbuch die Entscheidung nach Satz 1 nur rechtswidrig, wenn gleichzeitig die Voraussetzungen des § 27 oder § 28 Absatz 2 dieses Gesetzes vorliegen; im Übrigen bleibt § 45 des Zehnten Buches Sozialgesetzbuch unberührt. Wird die Entscheidung nach Satz 1 unter den Voraussetzungen des § 45 des Zehnten Buches Sozialgesetzbuch zurückgenommen, wird der bisherige Bewilligungsbescheid wieder wirksam; die §§ 27 und 28 bleiben unberührt. Ist Wohngeld vor dem 1. Januar 2016 bewilligt worden und liegt mindestens ein Teil des Bewilligungszeitraums nach dem 31. Dezember 2015 und ist über einen Antrag nach § 27 Absatz 1 oder in einem Verfahren nach § 27 Absatz 2 neu zu entscheiden, so ist für die Zeit bis zum 31. Dezember 2015 nach dem bis dahin geltenden Recht, ab dem 1. Januar 2016 bis zum Ende des bisherigen Bewilligungszeitraums nach neuem Recht nach Maßgabe des Satzes 2 und danach vollständig nach neuem Recht zu entscheiden. Der Bewilligungsbescheid nach Satz 1 muss auf die besonderen Entscheidungsgrundlagen der Sätze 1 bis 5 hinweisen, insbesondere darauf, dass eine Entscheidung nach § 27 oder § 28 Absatz 2 dem Bewilligungsbescheid nach Satz 1 noch nachfolgen kann und bezogen auf den Zeitpunkt der Änderung, der auch vor dem 1. Januar 2016 liegen kann, das Wohngeld wegfallen oder sich verringern kann.

(2) Ist bis zum 31. Dezember 2015 über einen Wohngeldantrag nach § 22 noch nicht entschieden, so ist für die Zeit bis zum 31. Dezember 2015 nach dem bis dahin geltenden Recht und für die darauffolgende Zeit nach dem neuen Recht zu entscheiden. Ist in den Fällen des Satzes 1 das ab dem 1. Januar 2016 zu bewilligende Wohngeld geringer als das für Dezember 2015 zu bewilligende Wohngeld, verbleibt es auch für den Teil des Bewilligungszeitraums ab dem 1. Januar 2016 bei diesem Wohngeld. Ist über einen nach dem 31. Dezember

2015 gestellten Wohngeldantrag nach § 22 zu entscheiden und beginnt der Bewilligungszeitraum vor dem 1. Januar 2016, so sind die Sätze 1 und 2 entsprechend anzuwenden. § 24 Absatz 2 und § 27 bleiben unberührt.

(3) In Fällen des § 31 Absatz 1 Satz 1 des Unterhaltssicherungsgesetzes sind § 14 Absatz 2 Nummer 23 und § 20 Absatz 1 dieses Gesetzes in der bis zum 31. Oktober 2015 geltenden Fassung anzuwenden. Im Übrigen gelten die Absätze 1 und 2.

§ 42b Übergangsregelung aus Anlass des Gesetzes zur Stärkung des Wohngeldes

(1) Ist Wohngeld vor dem 1. Januar 2020 bewilligt worden und liegt mindestens ein Teil des Bewilligungszeitraums nach dem 31. Dezember 2019, so ist abweichend von § 41 Absatz 2 von Amts wegen über die Leistung des Wohngeldes für den Zeitraum vom 1. Januar 2020 bis zum Ende des bisherigen Bewilligungszeitraums neu zu entscheiden. Bei der Entscheidung nach Satz 1 sind die §§ 12, 17 und 19 dieses Gesetzes und die Anlage zu § 1 Absatz 3 der Wohngeldverordnung in der ab dem 1. Januar 2020 geltenden Fassung anzuwenden. Ergibt sich aus der Entscheidung nach Satz 1 kein höheres Wohngeld, verbleibt es bis zum Ende des bisherigen Bewilligungszeitraums bei dem bereits bewilligten Wohngeld.

(2) Ist bei der Entscheidung nach Absatz 1 Satz 1 nicht berücksichtigt worden, dass

1. sich die Anzahl der zu berücksichtigenden Haushaltsmitglieder, die zu berücksichtigende Miete oder Belastung oder das Gesamteinkommen geändert hat,
2. das Wohngeld zweckwidrig verwendet wird oder
3. die Voraussetzungen für den erhöhten anrechnungsfreien Betrag nach § 14 Absatz 2 Nummer 19 Buchstabe a oder Nummer 20 Buchstabe a oder einen anrechnungsfreien Betrag nach § 14 Absatz 2 Nummer 19 Buchstabe b vorliegen,

so ist diese Entscheidung nur rechtswidrig, wenn gleichzeitig die Voraussetzungen der §§ 27 oder 28 Absatz 2 dieses Gesetzes vorliegen; im Übrigen bleibt § 45 des Zehnten Buches Sozialgesetzbuch unberührt. Wird die Entscheidung nach Absatz 1 Satz 1 unter den Voraussetzungen des § 45 des Zehnten Buches Sozialgesetzbuch zurückgenommen, so wird der bisherige Bewilligungsbescheid wieder wirksam; die §§ 27 und 28 bleiben unberührt.

(3) Ist Wohngeld vor dem 1. Januar 2020 bewilligt worden und liegt mindestens ein Teil des Bewilligungszeitraums nach dem 31. Dezember 2019 und ist über einen Antrag nach § 27 Absatz 1 oder in einem Verfahren nach § 27 Absatz 2 neu zu entscheiden, so ist für die Zeit bis zum 31. Dezember 2019 nach dem bis dahin geltenden Recht, ab dem 1. Januar 2020 nach neuem Recht zu entscheiden.

(4) Der Bewilligungsbescheid nach Absatz 1 Satz 1 muss auf die besonderen Entscheidungsgrundlagen der Absätze 1 und 2 hinweisen, insbesondere darauf, dass eine Entscheidung nach den §§ 27 oder 28 Absatz 2 oder die Mitteilung über die Unwirksamkeit nach § 28 Absatz 1 oder 3 dem Bewilligungsbescheid noch folgen kann und bezogen auf den Zeitpunkt der Änderung der Verhältnisse, der auch vor dem 1. Januar 2020 liegen kann, das Wohngeld wegfallen oder sich verringern kann.

(5) Ist bis zum 31. Dezember 2019 über einen Wohngeldantrag nach § 22 noch nicht entschieden, so ist für die Zeit bis zum 31. Dezember 2019 nach dem bis dahin geltenden Recht und für die darauffolgende Zeit nach dem neuen Recht zu entscheiden. Ist in den Fällen des Satzes 1 das ab dem 1. Januar 2020 zu bewilligende Wohngeld geringer als das für Dezember 2019 zu bewilligende Wohngeld, so verbleibt es auch für den Teil des Bewilligungszeitraums ab dem 1. Januar 2020 bei diesem Wohngeld.

(6) Ist über einen nach dem 31. Dezember 2019 gestellten Wohngeldantrag nach § 22 zu entscheiden und beginnt der Bewilligungszeitraum vor dem 1. Januar 2020, so ist Absatz 5 entsprechend anzuwenden. § 24 Absatz 2 und § 27 bleiben unberührt.

§ 43 Fortschreibung des Wohngeldes

(1) Wurden durch die Änderung dieses Gesetzes die Höchstbeträge für Miete und Belastung (§ 12 Absatz 1), die Mietenstufen (§ 12 Absatz 2) oder die Höhe des Wohngeldes (§ 19) neu ermittelt und festgesetzt, so werden danach zum 1. Januar jedes zweiten Jahres die folgenden Berechnungsgrößen des Wohngeldes durch Rechtsverordnung mit Zustimmung des Bundesrates (§ 38 Nummer 4) fortgeschrieben:

1. die Höchstbeträge für Miete und Belastung (Anlage 1) auf Grund der Entwicklung der bundesweiten Bruttokaltmieten, gemessen durch den Teilindex für Nettokaltmiete und Wohnungsnebenkosten des Verbraucherpreisindex für Deutschland des Statistischen Bundesamtes;
2. die Werte für „b" (Anlage 2) auf Grund der Entwicklung der bundesweiten Bruttokaltmieten, gemessen durch den Teilindex für Nettokaltmiete und Wohnungsnebenkosten des Verbraucherpreisindex für Deutschland des Statistischen Bundesamtes;

3. die Werte für „c" (Anlage 2) auf Grund der bundesweiten Entwicklung der Verbraucherpreise, gemessen durch den Verbraucherpreisindex für Deutschland des Statistischen Bundesamtes.

Die erste Fortschreibung des Wohngeldes erfolgt zum 1. Januar 2022.

(2) § 12 Absatz 4 Satz 1 findet bei der Fortschreibung des Wohngeldes keine Anwendung.

(3) Für die Fortschreibung der Berechnungsgrößen maßgeblich ist die prozentuale Veränderung der Jahresdurchschnittswerte der in Absatz 1 genannten Indizes des zweiten Jahres vor Inkrafttreten der Fortschreibung des Wohngeldes gegenüber den jeweiligen Jahresdurchschnittswerten des vierten Jahres vor Inkrafttreten der Fortschreibung.

(4) Die Höchstbeträge für Miete und Belastung (Anlage 1) werden am 1. Januar 2022 und dann alle zwei Jahre zum 1. Januar um den Prozentsatz erhöht oder verringert, um den sich der vom Statistischen Bundesamt festgestellte Teilindex nach Absatz 1 Nummer 1 verändert hat. Für die Veränderung am 1. Januar 2022 ist die Erhöhung oder Verringerung des Jahresdurchschnitts des Teilindex nach Absatz 1 Nummer 1 maßgeblich, die im Jahr 2020 gegenüber dem Jahr 2018 eingetreten ist. Die sich danach ergebenden Beträge sind jeweils bis unter 0,50 Euro auf den nächsten vollen Euro-Betrag abzurunden sowie ab 0,50 Euro auf den nächsten vollen Euro-Betrag aufzurunden und ergeben die fortgeschriebenen Höchstbeträge für Miete und Belastung (Anlage 1).

(5) Die Werte für „b" (Anlage 2) werden am 1. Januar 2022 und dann alle zwei Jahre zum 1. Januar mit einhundert multipliziert und anschließend durch die Summe aus einhundert und dem Prozentsatz dividiert, um den sich der vom Statistischen Bundesamt festgestellte Teilindex nach Absatz 1 Nummer 2 verändert hat. Für die prozentuale Veränderung am 1. Januar 2022 ist die Erhöhung oder Verringerung des Jahresdurchschnitts des Teilindex nach Absatz 1 Nummer 2 maßgeblich, die im Jahr 2020 gegenüber dem Jahr 2018 eingetreten ist. Die sich danach ergebenden Werte sind jeweils auf die sechste Nachkommastelle abzurunden und ergeben die fortgeschriebenen Werte für „b" (Anlage 2).

(6) Die Werte für „c" (Anlage 2) werden am 1. Januar 2022 und dann alle zwei Jahre zum 1. Januar mit einhundert multipliziert und anschließend durch die Summe aus einhundert und dem Prozentsatz dividiert, um den sich der vom Statistischen Bundesamt festgestellte Verbraucherpreisindex nach Absatz 1 Nummer 3 verändert hat. Für die prozentuale Veränderung am 1. Januar 2022 ist die Erhöhung oder Verringerung des Jahresdurchschnitts des Verbraucherpreisindex nach Absatz 1 Nummer 3 maßgeblich, die im Jahr 2020 gegenüber dem Jahr 2018 eingetreten ist. Die sich danach ergebenden Werte sind jeweils auf die siebte Nachkommastelle abzurunden und ergeben die fortgeschriebenen Werte für „c" (Anlage 2).

(7) Für die Fortschreibungen nach dem 1. Januar 2022 gelten die Absätze 4 bis 6 entsprechend.

§ 44 Übergangsregelung bei Fortschreibung des Wohngeldes

(1) Ist Wohngeld vor dem Inkrafttreten der Fortschreibung des Wohngeldes (§ 43) bewilligt worden und dauert mindestens ein Teil des Bewilligungszeitraums nach dem Inkrafttreten der Fortschreibung noch an, so ist abweichend von § 41 Absatz 2 von Amts wegen über die Leistung des Wohngeldes für den Zeitraum vom Inkrafttreten der Fortschreibung bis zum Ende des bisherigen Bewilligungszeitraums neu zu entscheiden. Bei der Entscheidung sind die Höchstbeträge für Miete und Belastung (Anlage 1) und die Werte für „b" und „c" (Anlage 2) in der ab dem Inkrafttreten der aktuellen Fortschreibung geltenden Fassung anzuwenden.

(2) Ist bei der Entscheidung nach Absatz 1 Satz 1 nicht berücksichtigt worden, dass

1. sich die Anzahl der zu berücksichtigenden Haushaltsmitglieder, die zu berücksichtigende Miete oder Belastung oder das Gesamteinkommen geändert hat oder
2. das Wohngeld zweckwidrig verwendet wird,

so ist diese Entscheidung nur rechtswidrig, wenn gleichzeitig die Voraussetzungen der §§ 27 oder 28 Absatz 2 dieses Gesetzes vorliegen; im Übrigen bleibt § 45 des Zehnten Buches Sozialgesetzbuch unberührt. Wird die Entscheidung nach Absatz 1 Satz 1 unter den Voraussetzungen des § 45 des Zehnten Buches Sozialgesetzbuch zurückgenommen, so wird der bisherige Bewilligungsbescheid wieder wirksam; die §§ 27 und 28 dieses Gesetzes bleiben unberührt.

(3) Ist Wohngeld vor dem Inkrafttreten der aktuellen Fortschreibung bewilligt worden und dauert mindestens ein Teil des Bewilligungszeitraums nach dem Inkrafttreten der Fortschreibung noch an und ist über einen Antrag nach § 27 Absatz 1 oder in einem Verfahren nach § 27 Absatz 2 neu zu entscheiden, so ist für die Zeit bis zum Inkrafttreten der Fortschreibung nach dem bis dahin geltenden Recht, ab dem Inkrafttreten der Fortschreibung nach neuem Recht zu entscheiden.

(4) Der Bewilligungsbescheid nach Absatz 1 Satz 1 muss auf die besonderen Entscheidungsgrundla-

gen der Absätze 1 und 2 hinweisen, insbesondere darauf, dass eine Entscheidung nach den §§ 27 oder 28 Absatz 2 oder die Mitteilung über die Unwirksamkeit nach § 28 Absatz 1 oder 3 dem Bewilligungsbescheid noch folgen kann und bezogen auf den Zeitpunkt der Änderung der Verhältnisse, der auch vor dem Inkrafttreten der aktuellen Fortschreibung liegen kann, das Wohngeld wegfallen oder sich verringern kann.

(5) Ist bis zum Inkrafttreten der Fortschreibung über einen Wohngeldantrag nach § 22 noch nicht entschieden, so ist für die Zeit bis zum Inkrafttreten der Fortschreibung nach dem bis dahin geltenden Recht und für die darauf folgende Zeit nach dem neuen Recht zu entscheiden. Ist über einen vor dem Inkrafttreten der Fortschreibung gestellten Wohngeldantrag nach § 22 zu entscheiden und beginnt der Bewilligungszeitraum vor dem Inkrafttreten der Fortschreibung, so ist Satz 1 entsprechend anzuwenden. § 24 Absatz 2 und § 27 bleiben unberührt.

5

Anlage 1
(zu § 12 Absatz 1)

Anzahl der zu berücksichtigenden Haushaltsmitglieder	Mietenstufe	Höchstbetrag in Euro
1	I	338
	II	381
	III	426
	IV	478
	V	525
	VI	575
	VII	633
2	I	409
	II	461
	III	516
	IV	579
	V	636
	VI	697
	VII	767
3	I	487
	II	549
	III	614
	IV	689
	V	757
	VI	830
	VII	912
4	I	568
	II	641
	III	716
	IV	803
	V	884
	VI	968
	VII	1065
5	I	649
	II	732
	III	818
	IV	918
	V	1010
	VI	1106
	VII	1217
Mehrbetrag für jedes weitere zu berücksichtigende Haushaltsmitglied	I	77
	II	88
	III	99
	IV	111
	V	121
	VI	139
	VII	153

Anlage 2
(zu § 19 Absatz 1)

Werte für „a", „b" und „c"

Die in die Formel nach § 19 Absatz 1 Satz 1 einzusetzenden, nach der Anzahl der zu berücksichtigenden Haushaltsmitglieder unterschiedenen Werte „a", „b" und „c" sind der nachfolgenden Tabelle zu entnehmen:

	1 Haushalts-mitglied	2 Haushalts-mitglieder	3 Haushalts-mitglieder	4 Haushalts-mitglieder	5 Haushalts-mitglieder	6 Haushalts-mitglieder
a	4,000E-2	3,000E-2	2,000E-2	1,000E-2	0	– 1,000E-2
b	5,800E-4	4,050E-4	3,500E-4	3,130E-4	2,760E-4	2,580E-4
c	1,180E-4	8,800E-5	7,090E-5	3,680E-5	3,590E-5	3,080E-5

	7 Haushalts-mitglieder	8 Haushalts-mitglieder	9 Haushalts-mitglieder	10 Haushalts-mitglieder	11 Haushalts-mitglieder	12 Haushalts-mitglieder
a	– 2,000E-2	– 3,000E-2	– 4,000E-2	– 6,000E-2	– 1,000E-1	– 1,4000E-1
b	2,390E-4	2,120E-4	1,840E-4	1,470E-4	1,100E-4	1,010E-4
c	3,160E-5	3,160E-5	3,330E-5	3,850E-5	4,530E-5	5,130E-5

Hierbei bedeuten:

E-1 geteilt durch 10,
E-2 geteilt durch 100,
E-4 geteilt durch 10 000,
E-5 geteilt durch 100 000.

Anlage 3
(zu § 19 Absatz 2)

1. Werte für „M" und „Y", die unterhalb der folgenden Tabellenwerte liegen, werden durch diese ersetzt:

	1 Haushalts-mitglied	2 Haushalts-mitglieder	3 Haushalts-mitglieder	4 Haushalts-mitglieder	5 Haushalts-mitglieder	6 Haushalts-mitglieder
M	52	64	76	88	99	99
Y	275	357	414	447	532	618

-	7 Haushalts-mitglieder	8 Haushalts-mitglieder	9 Haushalts-mitglieder	10 Haushalts-mitglieder	11 Haushalts-mitglieder	12 Haushalts-mitglieder
M	111	123	135	146	180	286
Y	702	787	872	957	1248	1443.

2. Das ungerundete monatliche Wohngeld ergibt sich durch Einsetzen der Werte für „a", „b", „c" (Anlage 1) und für „M" und „Y" in die Formel nach § 19 Absatz 1 Satz 1 und durch Ausführen der vier folgenden Rechenschritte:
   Berechnung der Dezimalzahlen
   $z1 = a + b \cdot M + c \cdot Y$,
   $z2 = z1 \cdot Y$,
   $z3 = M - z2$,
   $z4 = 1{,}15 \cdot z3$.
   Hierbei sind die Dezimalstellen als Festkommazahlen mit zehn Nachkommastellen zu berechnen.
3. Dieses ungerundete monatliche Wohngeld ist bis unter 0,50 Euro auf den nächsten vollen Euro-Betrag abzurunden sowie von 0,50 Euro an auf den nächsten vollen Euro-Betrag aufzurunden.

in der Fassung der Bekanntmachung vom 19. Oktober 2001 (BGBl. I S. 2722)

Zuletzt geändert durch
Wohngeldstärkungsgesetz
vom 30. November 2019 (BGBl. I S. 1877)

Inhaltsübersicht

Teil 1
Anwendungsbereich

§ 1 Anwendungsbereich

Teil 2
Ermittlung der Miete

§ 2 Miete
§ 3 Mietvorauszahlungen und Mieterdarlehen
§ 4 Sach- und Dienstleistungen des Mieters
§ 5 Nicht feststehende Betriebskosten
§ 6 Außer Betracht bleibende Kosten und Vergütungen
§ 7 Mietwert

Teil 3
Wohngeld-Lastenberechnung

§ 8 Aufstellung der Wohngeld-Lastenberechnung
§ 9 Gegenstand und Inhalt der Wohngeld-Lastenberechnung
§ 10 Fremdmittel
§ 11 Ausweisung der Fremdmittel
§ 12 Belastung aus dem Kapitaldienst
§ 13 Belastung aus der Bewirtschaftung
§ 14 Nutzungsentgelte und Wärmelieferungskosten
§ 15 Außer Betracht bleibende Belastung

Teil 4
Verfahren und Kosten des automatisierten Datenabgleichs

§ 16 Anwendungsbereich
§ 17 Abgleichszeitraum und Übermittlungsverfahren
§ 18 Einzelheiten des automatisierten Datenabgleichs
§ 19 Anforderungen an die Datenübermittlung und Datenspeicherung
§ 20 Weiterverwendung der Antwortdatensätze
§ 21 Verfahrensgrundsätze
§ 22 Kosten

Anlage
(zu § 1 Absatz 3)

5

Teil 1
Anwendungsbereich

§ 1 Anwendungsbereich

(1) Die Miete und der Mietwert im Sinne des Wohngeldgesetzes sind nach den Vorschriften des Teils 2 dieser Verordnung zu ermitteln.

(2) Die Belasung im Sinne des Wohngeldgesetzes ist nach Teil 3 dieser Verordnung zu berechnen, soweit nicht nach § 10 Abs. 2 Satz 2 des Wohngeldgesetzes von einer vollständigen Wohngeld-Lastenberechnung abgesehen werden kann.

(3) Die Mietenstufen für Gemeinden ergeben sich aus der dieser Verordnung beigefügten Anlage.

Teil 2
Ermittlung der Miete

§ 2 Miete

(1) Zur Miete im Sinne von § 9 Abs. 1 des Wohngeldgesetzes gehören auch Beträge, die im Zusammenhang mit dem Miet- oder mietähnlichen Nutzungsverhältnis auf Grund eines Vertrages mit dem Vermieter oder einem Dritten an einen Dritten zu zahlen sind.

(2) Von der Miete sind keine anderen Beträge als die in § 9 Absatz 2 des Wohngeldgesetzes genannten Kosten und Vergütungen abzusetzen. § 5 bleibt unberührt.

§ 3 Mietvorauszahlungen und Mieterdarlehen

(1) Ist die Miete ganz oder teilweise im Voraus bezahlt worden (Mietvorauszahlung), sind die im Voraus bezahlten Beträge so zu behandeln, als ob sie jeweils in dem Zeitraum bezahlt worden wären, für den sie bestimmt sind.

(2) Hat der Mieter dem Vermieter ein Mieterdarlehen gegeben und wird die Forderung des Mieters aus dem Mieterdarlehen ganz oder teilweise mit der Miete verrechnet, gehören zur Miete auch die Beträge, um die sich die Miete hierdurch tatsächlich vermindert.

§ 4 Sach- und Dienstleistungen des Mieters

(1) Erbringt der Mieter Sach- oder Dienstleistungen für den Vermieter und wird deshalb die Miete ermäßigt, ist die ermäßigte Miete zu Grunde zu legen.

(2) Erbringt der Mieter Sach- oder Dienstleistungen für den Vermieter und erhält er dafür von diesem eine bestimmte Vergütung, ist diese Vergütung ohne Einfluss auf die Miete.

§ 5 Nicht feststehende Betriebskosten

Stehen bei der Entscheidung über den Mietzuschussantrag die Umlagen für Betriebskosten ganz oder teilweise nicht fest, sind Erfahrungswerte als Pauschbeträge anzusetzen.

§ 6 Außer Betracht bleibende Kosten und Vergütungen

(1) Kosten, die nach § 9 Absatz 2 Nummer 1und 2 des Wohngeldgesetzes außer Betracht bleiben, sind:

1. Betriebskosten für Heizungs- und Brennstoffversorgungsanlagen sowie Warmwasserversorgungsanlagen im Sinne des § 2 Nummer 4 Buchstabe a, b und d, Nummer 5 Buchstabe a und c und Nummer 6 Buchstabe a und c der Betriebskostenverordnung;
2. Kosten der eigenständig gewerblichen Lieferung von Wärme und Warmwasser im Sinne des § 2 Nummer 4 Buchstabe c, Nummer 5 Buchstabe b und Nummer 6 Buchstabe b der Betriebskostenverordnung.

(2) Kommt nach § 9 Absatz 2 Satz 2 des Wohngeldgesetzes nur der Abzug eines Pauschbetrages von der Miete in Betracht, so beträgt dieser:

1. für Betriebskosten für zentrale Heizungs- und Brennstoffversorgungsanlagen oder für die Kosten der eigenständig gewerblichen Lieferung von Wärme 1,25 Euro monatlich je Quadratmeter Wohnfläche;
2. für Betriebskosten für zentrale Warmwasserversorgungsanlagen oder für die Kosten der eigenständig gewerblichen Lieferung von Warmwasser für eine Bewohnerin oder einen Bewohner 9 Euro monatlich, für zwei Bewohnerinnen oder Bewohner 17 Euro monatlich und für jede weitere Bewohnerin oder jeden weiteren Bewohner 3 Euro monatlich;
3. für die übrigen Kosten der Haushaltsenergie für eine Bewohnerin oder einen Bewohner 41 Euro monatlich, für zwei Bewohnerinnen oder Bewohner 74 Euro monatlich und für jede weitere Bewohnerin oder jeden weiteren Bewohner 15 Euro monatlich;
4. für die Überlassung einer Garage 36 Euro monatlich; für die Überlassung eines Stellplatzes zum Abstellen von Kraftfahrzeugen 25 Euro monatlich.

(3) Bei der Ermittlung des Mietwertes nach § 7 und der Untermiete sind die Absätze 1 und 2 entsprechend anzuwenden.

§ 7 Mietwert

(1) Als Mietwert des Wohnraums (§ 9 Abs. 3 Satz 1 des Wohngeldgesetzes) soll der Betrag zu Grunde

gelegt werden, der der Miete für vergleichbaren Wohnraum entspricht. Dabei sind Unterschiede des Wohnwertes, insbesondere in der Größe, Lage und Ausstattung des Wohnraums, durch angemessene Zu- oder Abschläge zu berücksichtigen.

(2) Der Mietwert ist zu schätzen, wenn ein der Miete für vergleichbaren Wohnraum entsprechender Betrag nicht zu Grunde gelegt werden kann.

Teil 3
Wohngeld-Lastenberechnung

§ 8 Aufstellung der Wohngeld-Lastenberechnung

Bei der Aufstellung der Wohngeld-Lastenberechnung ist von der im Bewilligungszeitraum zu erwartenden Belastung auszugehen. Ist die Belastung für das dem Bewilligungszeitraum vorangegangene Kalenderjahr feststellbar und ist eine Änderung im Bewilligungszeitraum nicht zu erwarten, ist von dieser Belastung auszugehen.

§ 9 Gegenstand und Inhalt der Wohngeld-Lastenberechnung

(1) Als Belastung ist die Belastung zu berücksichtigen, die auf den selbst genutzten Wohnraum entfällt. Selbst genutzter Wohnraum ist der Wohnraum, der von der wohngeldberechtigten Person und den zu berücksichtigenden Haushaltsmitgliedern zu Wohnzwecken benutzt wird.

(2) Als Belastung ist zu berücksichtigen:

1. bei einer Eigentumswohnung die Belastung für den im Sondereigentum stehenden Wohnraum und den damit verbundenen Miteigentumsanteil an dem gemeinschaftlichen Eigentum,
2. bei einer Wohnung in der Rechtsform des eigentumsähnlichen Dauerwohnrechts die Belastung für den Wohnraum und den Teil des Grundstücks, auf den sich das Dauerwohnrecht erstreckt,
3. bei einem landwirtschaftlichen Betrieb die Belastung für den Wohnraum.

(3) In die Wohngeld-Lastenberechnung sind in den Fällen des § 3 Abs. 2 des Wohngeldgesetzes auch zugehörige Nebengebäude, Anlagen und bauliche Einrichtungen sowie das Grundstück einzubeziehen; dies gilt jedoch nicht bei einem landwirtschaftlichen Betrieb mit Wohnteil. Das Grundstück besteht aus den überbauten und den dazugehörigen Flächen.

(4) In der Wohngeld-Lastenberechnung sind die Fremdmittel und die Belastung auszuweisen.

§ 10 Fremdmittel

Fremdmittel im Sinne dieser Verordnung sind

1. Darlehen,
2. gestundete Restkaufgelder,
3. gestundete öffentliche Lasten des Grundstücks

ohne Rücksicht darauf, ob sie dinglich gesichert sind oder nicht.

§ 11 Ausweisung der Fremdmittel

(1) In der Wohngeld-Lastenberechnung sind Fremdmittel mit dem Nennbetrag auszuweisen, wenn sie der Finanzierung folgender Zwecke gedient haben:

1. des Wohnungsbaus im Sinne des § 16 Abs. 1 und 2 des Wohnraumförderungsgesetzes; maßgebend ist der Wohnraumbegriff des § 2 des Wohngeldgesetzes;
2. der Verbesserung des Gegenstandes der Wohngeld-Lastenberechnung durch Modernisierung im Sinne des § 16 Abs. 3 des Wohnraumförderungsgesetzes; maßgebend ist der Wohnraumbegriff des § 2 des Wohngeldgesetzes;
3. der nachträglichen Errichtung oder des nachträglichen Ausbaus einer dem öffentlichen Verkehr dienenden Verkehrsfläche oder des nachträglichen Anschlusses an Versorgungs- und Entwässerungsanlagen;
4. des Kaufpreises und der Erwerbskosten für den Gegenstand der Wohngeld-Lastenberechnung.

Zu den mit dem Nennbetrag auszuweisenden Fremdmitteln gehören auch Darlehen zur Deckung der laufenden Aufwendungen sowie Annuitätsdarlehen aus Mitteln öffentlicher Haushalte.

(2) Sind die in Absatz 1 bezeichneten Fremdmittel durch andere Fremdmittel ersetzt worden, so sind in der Wohngeld-Lastenberechnung die anderen Fremdmittel an Stelle der ersetzten Fremdmittel höchstens mit dem Betrag auszuweisen, der bis zur Ersetzung noch nicht getilgt war. Eine Ersetzung liegt nicht vor, wenn Dauerfinanzierungsmittel an die Stelle von Zwischenfinanzierungsmitteln treten.

(3) Ist für die in den Absätzen 1 und 2 bezeichneten Fremdmittel Kapitaldienst nicht, noch nicht oder nicht mehr zu leisten, sind sie in der Wohngeld-Lastenberechnung nicht auszuweisen.

§ 12 Belastung aus dem Kapitaldienst

(1) Als Belastung aus dem Kapitaldienst sind auszuweisen:

1. die Zinsen und laufenden Nebenleistungen, insbesondere Verwaltungskostenbeiträge der ausgewiesenen Fremdmittel,
2. die Tilgungen der ausgewiesenen Fremdmittel,
3. die laufenden Bürgschaftskosten der ausgewiesenen Fremdmittel,

4. die Erbbauzinsen, Renten und sonstigen wiederkehrenden Leistungen zur Finanzierung der in § 11 genannten Zwecke.

Als Tilgungen sind auch die

a) Prämien für Personenversicherungen zur Rückzahlung von Festgeldhypotheken und
b) Bausparbeiträge, wenn der angesparte Betrag für die Rückzahlung von Fremdmitteln zweckgebunden ist,

in Höhe von 2 Prozent dieser Fremdmittel auszuweisen.

(2) Für die in Absatz 1 Nr. 1 und 2 genannte Belastung aus dem Kapitaldienst darf höchstens die vereinbarte Jahresleistung angesetzt werden. Ist die tatsächliche Leistung geringer, ist die geringere Leistung anzusetzen.

5

§ 13 Belastung aus der Bewirtschaftung

(1) Als Belastung aus der Bewirtschaftung sind Instandhaltungskosten, Verwaltungskosten und Betriebskosten ohne die Heizkosten auszuweisen.

(2) Als Instandhaltungs- und Betriebskosten sind im Jahr 36 Euro je Quadratmeter Wohnfläche und je Quadratmeter Nutzfläche der Geschäftsräume sowie die für den Gegenstand der Wohngeld-Lastenberechnung entrichtete Grundsteuer anzusetzen. Als Verwaltungskosten sind die für den Gegenstand der Wohngeld-Lastenberechnung an einen Dritten für die Verwaltung geleisteten Beträge anzusetzen. Über die in den Sätzen 1 und 2 genannten Beträge hinaus dürfen Bewirtschaftungskosten nicht angesetzt werden.

§ 14 Nutzungsentgelte und Wärmelieferungskosten

(1) Leistet die wohngeldberechtigte Person an Stelle des Kapitaldienstes, der Instandhaltungskosten, der Betriebskosten und der Verwaltungskosten ein Nutzungsentgelt an einen Dritten, so ist das Nutzungsentgelt in der Wohngeld-Lastenberechnung in Höhe der nach den §§ 12 und 13 ansetzbaren Beträge anzusetzen. Soweit die Beträge nach Satz 1 im Nutzungsentgelt nicht enthalten sind und von der wohngeldberechtigten Person unmittelbar an den Gläubiger entrichtet werden, sind diese Beträge dem Nutzungsentgelt hinzuzurechnen. Soweit eine Aufgliederung des Nutzungsentgelts nicht möglich ist, ist in der Wohngeld-Lastenberechnung das gesamte Nutzungsentgelt anzusetzen.

(2) Bezahlt die wohngeldberechtigte Person Beträge zur Deckung der Kosten der eigenständig gewerblichen Lieferung von Wärme und Warmwasser, so sind diese Beträge mit Ausnahme der in § 15 Abs. 2 Satz 1 Nr. 2 bezeichneten Kosten in der Wohngeld-Lastenberechnung anzusetzen. § 6 Abs. 2 Satz 1 Nr. 1 und 2 ist entsprechend anzuwenden.

§ 15 Außer Betracht bleibende Belastung

(1) In den Fällen des § 11 Abs. 2 Nr. 1 des Wohngeldgesetzes bleibt die Belastung insoweit außer Betracht, als sie auf die in § 9 Abs. 2 und 3 dieser Verordnung bezeichneten Räume oder Flächen entfällt, die ausschließlich gewerblich oder beruflich benutzt werden. Soweit die Belastung auf Räume oder Flächen entfällt, die zum Wirtschaftsteil einer Kleinsiedlung oder einer landwirtschaftlichen Nebenerwerbsstelle gehören, wird sie jedoch berücksichtigt, soweit sie nicht nach § 11 Abs. 2 und 3 des Wohngeldgesetzes außer Betracht bleiben.

(2) In den Fällen des § 11 Abs. 2 Nr. 2 des Wohngeldgesetzes sind von dem Entgelt für die Gebrauchsüberlassung von Räumen oder Flächen an einen anderen die darin enthaltenen Beträge

1. zur Deckung der Betriebskosten für Heizungs- und Brennstoffversorgungsanlagen sowie Warmwasserversorgungsanlagen und
2. zur Deckung der Kosten der eigenständig gewerblichen Lieferung von Wärme und Warmwasser, soweit sie den in Nummer 1 bezeichneten Kosten entsprechen,

abzusetzen. § 6 Abs. 1 und 2 dieser Verordnung ist entsprechend anzuwenden.

(3) Ist eine Garage oder ein Stellplatz zum Abstellen von Kraftfahrzeugen Gegenstand der Wohngeld-Lastenberechnung, gilt hinsichtlich der außer Betracht bleibenden Belastung § 6 Absatz 2 Nummer 4 entsprechend. Ist die Garage oder der Stellplatz einem anderen gegen ein höheres Entgelt überlassen als zu den in § 6 Absatz 2 Nummer 4 genannten Beträgen, so ist das Entgelt in voller Höhe abzusetzen.

Teil 4
Verfahren und Kosten des automatisierten Datenabgleichs

§ 16 Anwendungsbereich

Die §§ 17 bis 22 gelten für den automatisierten Datenabgleich nach § 33 Absatz 5 in Verbindung mit Absatz 2 des Wohngeldgesetzes zwischen der Wohngeldbehörde, der sonst nach Landesrecht für den Datenabgleich zuständigen oder von der Landesregierung durch Rechtsverordnung oder auf sonstige Weise für den Datenabgleich bestimmten Stelle (zentrale Landesstelle) und der Datenstelle der Rentenversicherung (Datenstelle), dem Bundeszentralamt für Steuern, der Deutschen Post AG sowie der Deutschen Rentenversicherung Knappschaft-Bahn-See. Rechtsverordnungen der Landesregierungen, die über die Regelungen der §§ 16 bis 22 hinausgehen, bleiben unberührt.

§ 17 Abgleichszeitraum und Übermittlungsverfahren

(1) Der automatisierte Datenabgleich nach § 33 Absatz 5 in Verbindung mit Absatz 2 Satz 1 des Wohngeldgesetzes wird vierteljährlich für das ihm jeweils vorangegangene Kalendervierteljahr (Abgleichszeitraum) durchgeführt. Abweichend von Satz 1 werden in den Datenabgleich nach § 18 Absatz 2 im dritten Kalendervierteljahr alle zu berücksichtigenden Haushaltsmitglieder einbezogen, die innerhalb der dem Abgleich vorangegangenen zwölf Kalendermonate bei der Berechnung des Wohngeldes berücksichtigt wurden.

(2) Die Wohngeldbehörde übermittelt der Datenstelle nach § 33 Absatz 5 in Verbindung mit Absatz 2 Satz 1 Nummer 1, 2, 6 und 7 des Wohngeldgesetzes zwischen dem ersten und dem 15. des auf den Abgleichszeitraum folgenden Monats für jedes im Abgleichszeitraum bei der Berechnung des Wohngeldes berücksichtigte Haushaltsmitglied einen Anfragedatensatz. Der Anfragedatensatz enthält die Wohngeldnummer und die in § 33 Absatz 3 Satz 1 Nummer 1 bis 3, 5 und 6 des Wohngeldgesetzes genannten Daten. Er wird über die zentrale Landesstelle übermittelt, wenn diese für die Erfassung und Weiterübermittlung der Daten an die Datenstelle zuständig ist.

(3) Die Datenstelle übermittelt die Anfragedatensätze bis zum Ende des auf den Abgleichszeitraum folgenden Monats an

1. das Bundeszentralamt für Steuern,
2. die Deutsche Post AG und
3. die Deutsche Rentenversicherung Knappschaft-Bahn-See.

Im Fall des Satzes 1 Nummer 1 werden vor der Übermittlung der Anfragedatensätze die Angaben zum Geschlecht und Geburtsort entfernt. Im Fall des Satzes 1 Nummer 2 und 3 werden die Anfragedatensätze, wenn möglich, um die Versicherungsnummer ergänzt. Die in Satz 1 genannten Stellen übermitteln die Antwortdatensätze bis zum 15. des zweiten auf den Abgleichszeitraum folgenden Monats an die Datenstelle.

(4) Die Datenstelle übermittelt der Wohngeldbehörde die Antwortdatensätze aus dem automatisierten Datenabgleich nach § 18 Absatz 1 und die Antwortdatensätze nach Absatz 3 Satz 4 bis zum Ende des zweiten auf den Abgleichszeitraum folgenden Monats. Im Fall des Absatzes 2 Satz 3 erfolgt die Übermittlung über die zentrale Landesstelle, die in diesem Fall die Antwortdatensätze ordnend aufbereiten darf.

§ 18 Einzelheiten des automatisierten Datenabgleichs

(1) Die Datenstelle gleicht die ihr nach § 17 Absatz 2 übermittelten Daten ab mit den bei ihr gespeicherten Daten nach

1. § 52 Absatz 1 und 2 des Zweiten Buches Sozialgesetzbuch zur Prüfung, ob und für welche Zeiträume im Abgleichszeitraum Leistungen nach dem Zweiten Buch Sozialgesetzbuch empfangen wurden,
2. § 118 Absatz 2 des Zwölften Buches Sozialgesetzbuch zur Prüfung, ob und für welche Zeiträume im Abgleichszeitraum Leistungen der Hilfe zum Lebensunterhalt und der Grundsicherung im Alter und bei Erwerbsminderung nach dem Zwölften Buch Sozialgesetzbuch empfangen wurden,
3. § 150 des Sechsten Buches Sozialgesetzbuch zur Feststellung der Versicherungsnummer,
4. § 28p Absatz 8 Satz 3 des Vierten Buches Sozialgesetzbuch zur Prüfung des Bestehens einer versicherungspflichtigen oder einer geringfügigen Beschäftigung unter Angabe des jeweiligen Arbeitgebers und des Beschäftigungszeitraums.

(2) Das Bundeszentralamt für Steuern gleicht die ihm nach § 17 Absatz 3 Satz 1 Nummer 1 übermittelten Daten mit den Daten ab, die bei ihm nach § 45d Absatz 1 und § 45e des Einkommensteuergesetzes in Verbindung mit § 9 Absatz 3 der Zinsinformationsverordnung gespeichert sind. Dieser automatisierte Datenabgleich dient der Feststellung

1. der Höhe von Kapitalerträgen, für die ein Freistellungsauftrag erteilt worden ist,
2. von Namen und Anschrift des Empfängers oder der Empfängerin des Freistellungsauftrags sowie
3. der Höhe von Zinszahlungen, die dem Bundeszentralamt für Steuern von den zuständigen Behörden der anderen Mitgliedstaaten der Europäischen Union mitgeteilt worden sind.

(3) Die Deutsche Post AG und die Deutsche Rentenversicherung Knappschaft-Bahn-See gleichen die ihnen nach § 17 Absatz 3 Satz 1 Nummer 2 und 3 übermittelten Daten mit den Daten ab, die bei ihnen im Rahmen der §§ 119 und 148 des Sechsten Buches Sozialgesetzbuch sowie des § 99 des Siebten Buches Sozialgesetzbuch gespeichert sind. Dieser automatisierte Datenabgleich dient der Feststellung der Höhe und des Leistungszeitraums von

1. laufenden Leistungen und
2. Einmalzahlungen

aus der gesetzlichen Renten- und Unfallversicherung.

5

§ 19 Anforderungen an die Datenübermittlung und Datenspeicherung

(1) Bei der Datenübermittlung und Datenspeicherung sind alle erforderlichen und angemessenen technischen und organisatorischen Maßnahmen zu treffen, um die Verfügbarkeit, Integrität und Vertraulichkeit der Daten sowie die Authentizität von Absender und Empfänger der übermittelten Daten entsprechend dem jeweiligen Stand der Technik sicherzustellen. Im Fall der Nutzung allgemein zugänglicher Netze sind Verschlüsselungsverfahren anzuwenden, die dem jeweiligen Stand der Technik entsprechen. Die einschlägigen Standards für eine sichere Datenübermittlung durch die Datenstelle sind im Einvernehmen mit dem Bundesamt für Sicherheit in der Informationstechnik festzulegen.

(2) Werden Mängel festgestellt, die eine ordnungsgemäße Übernahme der Daten beeinträchtigen, kann die Übernahme ganz oder teilweise abgelehnt werden. Die übermittelnde Stelle ist über die festgestellten Mängel unter Beachtung der Verfahrensgrundsätze (§ 21) zu unterrichten. Sie soll die abgelehnten Datensätze unverzüglich berichtigen und für den ursprünglichen Abgleichszeitraum erneut übermitteln.

(3) Das Bundeszentralamt für Steuern, die Deutsche Post AG und die Deutsche Rentenversicherung Knappschaft-Bahn-See haben den Eingang der Anfragedatensätze, die ihnen von der Datenstelle übermittelt werden, zu überwachen und die eingegangenen Anfragedatensätze auf Vollständigkeit zu überprüfen. Sie haben der Datenstelle unverzüglich den Eingang zu bestätigen und das Ergebnis der Prüfung auf Vollständigkeit mitzuteilen. Satz 1 gilt entsprechend für die Datenstelle hinsichtlich der ihr vom Bundeszentralamt für Steuern, von der Deutschen Post AG und der Deutschen Rentenversicherung Knappschaft-Bahn-See übermittelten Antwortdatensätze.

(4) Das Bundeszentralamt für Steuern, die Deutsche Post AG, die Deutsche Rentenversicherung Knappschaft-Bahn-See und die Datenstelle haben die ihnen übermittelten Daten unverzüglich nach Abschluss des automatisierten Datenabgleichs zu löschen. Im Fall des § 17 Absatz 2 Satz 3 darf die zentrale Landesstelle die Antwortdatensätze nach Abschluss eines automatisierten Datenabgleichs bis zum Abschluss des nächsten automatisierten Datenabgleichs speichern, um in beiden automatisierten Datenabgleichen identische Antwortdatensätze zu identifizieren.

§ 20 Weiterverwendung der Antwortdatensätze

Die von der Datenstelle oder der zentralen Landesstelle an die Wohngeldbehörde übermittelten Antwortdatensätze dürfen in das Wohngeldfachverfahren übernommen werden und sind durch die Wohngeldbehörde zu überprüfen. Führt die Überprüfung nicht zu abweichenden Feststellungen, sind diese Antwortdatensätze unverzüglich manuell zu löschen. Führt die Überprüfung zu abweichenden Feststellungen, dürfen diese Antwortdatensätze zur Weiterverwendung im Wohngeldfachverfahren gespeichert werden, um eine mögliche rechtswidrige Inanspruchnahme von Wohngeld zu klären und überzahlte Beträge zurückzufordern. In diesem Fall erfolgt eine maschinelle Löschung der Daten erst bei Löschung der Akte im Wohngeldverfahren.

§ 21 Verfahrensgrundsätze

Die technischen Einzelheiten des automatisierten Datenabgleichsverfahrens nach § 16, insbesondere des Aufbaus, der Übermittlung sowie der Prüfung und Berichtigung der Datensätze, sind von der Datenstelle, dem Bundeszentralamt für Steuern, der Deutschen Post AG, der Deutschen Rentenversicherung Knappschaft-Bahn-See und den für die Durchführung des Wohngeldgesetzes zuständigen obersten Landesbehörden in einheitlichen Verfahrensgrundsätzen einvernehmlich festzulegen. Der Bundesbeauftragte für den Datenschutz und die Informationsfreiheit ist vor Festlegung der Verfahrensgrundsätze zu hören. Die Verfahrensgrundsätze sind von der Datenstelle auf der Internetseite der Deutschen Rentenversicherung zu veröffentlichen.

§ 22 Kosten

(1) Die Länder haben der Datenstelle die notwendigen Kosten für die Durchführung und Vermittlung des automatisierten Datenabgleichs nach § 16 zu erstatten. Diese Kostenerstattung richtet sich in den Fällen des § 17 Absatz 2 Satz 3 nach den Absätzen 2 und 3.

(2) Für die Länder, die vor dem 1. Januar 2013 einen automatisierten Datenabgleich unter Vermittlung der Datenstelle durchführen und weiterhin daran teilnehmen, legt die Datenstelle die für das Jahr 2013 zu erstattenden Kosten auf der Grundlage der tatsächlich entstandenen Kosten einheitlich neu fest, wobei jedoch die zu erstattenden Kosten höchstens 3800 Euro je Land betragen. Die festgelegten Kosten erhöhen sich für jedes weitere Kalenderjahr der Teilnahme am automatisierten Datenabgleich pauschal um 3 Prozent. Die Datenstelle teilt den für die Durchführung des Wohngeldgesetzes zuständigen obersten Landesbehörden die zu erstattenden Kosten mit; die Erstattung ist jeweils am 1. April für das laufende Kalenderjahr fällig und berechtigt zur viermaligen Teilnahme am automatisierten Datenabgleich.

(3) Die übrigen Länder haben für das erste Kalenderjahr der Teilnahme eines Landes am automatisierten Datenabgleich pauschal einmalige Kosten in Höhe von 2700 Euro zuzüglich 950 Euro je Kalendervierteljahr der Teilnahme zu erstatten. Die Erstattung ist am 31. Januar des folgenden Kalenderjahres fällig. Für jedes weitere Kalenderjahr der Teilnahme am automatisierten Datenabgleich sind die Kosten nach Absatz 2 Satz 1 in Verbindung mit Absatz 2 Satz 2 zu erstatten; Absatz 2 Satz 3 gilt entsprechend.

Anlage
(zu § 1 Absatz 3)

Mietenstufen der Gemeinden nach Ländern ab 1. Januar 2020

Soweit die zu einem Kreis gehörenden Gemeinden in den Tabellen nicht gesondert aufgeführt sind, gilt die Mietenstufe des Kreises für diese Gemeinden.

Zu Grunde liegen Daten der Wohngeldstatistik zum 31. Dezember 2016 und 31. Dezember 2017 einschließlich der bis zum 31. März 2018 erfolgten rückwirkenden Bewilligungen.

Relevanter Gebietsstand ist der 31. März 2018, der für die 10 000-Einwohner-Schwelle relevante Stichtag der Bevölkerung ist der 30. September 2017.

5

Land: Baden-Württemberg

Gemeinde	Mietenstufe
Aalen, Stadt	III
Achern, Stadt	II
Aichtal, Stadt	IV
Albstadt, Stadt	II
Altensteig, Stadt	II
Ammerbuch	IV
Appenweier	II
Asperg, Stadt	V
Aulendorf, Stadt	II
Backnang, Stadt	IV
Bad Dürrheim, Stadt	III
Bad Friedrichshall, Stadt	III
Bad Krozingen, Stadt	V
Bad Mergentheim, Stadt	III
Bad Rappenau, Stadt	III
Bad Säckingen, Stadt	IV
Bad Saulgau, Stadt	II
Bad Schönborn	III
Bad Urach, Stadt	III
Bad Waldsee, Stadt	III
Bad Wurzach, Stadt	I
Baden-Baden, Stadt	IV
Baiersbronn	I
Balingen, Stadt	III
Besigheim, Stadt	IV
Biberach an der Riß, Stadt	III
Bietigheim-Bissingen, Stadt	V
Birkenfeld	III
Blaubeuren, Stadt	II
Blaustein, Stadt	IV
Blumberg, Stadt	I
Böblingen, Stadt	VI
Bopfingen, Stadt	II
Brackenheim, Stadt	III
Breisach am Rhein, Stadt	IV
Bretten, Stadt	III
Bretzfeld	II
Bruchsal, Stadt	III
Brühl	IV
Buchen (Odenwald), Stadt	I
Bühl, Stadt	III
Burladingen, Stadt	I
Calw, Stadt	III
Crailsheim, Stadt	II
Denkendorf	V
Denzlingen	IV
Ditzingen, Stadt	V
Donaueschingen, Stadt	II
Donzdorf, Stadt	II
Dossenheim	VI
Durmersheim	III
Eberbach, Stadt	II
Ebersbach an der Fils, Stadt	IV
Edingen-Neckarhausen	IV
Eggenstein-Leopoldshafen	IV
Ehingen (Donau), Stadt	III
Eislingen/Fils, Stadt	III
Ellwangen (Jagst), Stadt	III
Emmendingen, Stadt	IV
Engen, Stadt	II
Eningen unter Achalm	III
Eppelheim, Stadt	V
Eppingen, Stadt	II
Erbach, Stadt	III
Esslingen am Neckar, Stadt	V
Ettenheim, Stadt	II
Ettlingen, Stadt	IV
Fellbach, Stadt	V
Filderstadt, Stadt	V
Freiberg am Neckar, Stadt	V
Freiburg im Breisgau, Stadt	VI
Freudenstadt, Stadt	III
Friedrichshafen, Stadt	V

Gemeinde	Mietenstufe
Friesenheim	II
Gaggenau, Stadt	III
Gaildorf, Stadt	II
Gärtringen	V
Geislingen an der Steige, Stadt	II
Gengenbach, Stadt	II
Gerlingen, Stadt	VI
Gernsbach, Stadt	III
Gerstetten	II
Giengen an der Brenz, Stadt	II
Göppingen, Stadt	III
Gottmadingen	III
Graben-Neudorf	III
Grenzach-Wyhlen	V
Gundelfingen	VI
Haigerloch, Stadt	I
Hechingen, Stadt	III
Heddesheim	III
Heidelberg, Stadt	V
Heidenheim an der Brenz, Stadt	III
Heilbronn, Stadt	IV
Hemsbach, Stadt	IV
Herbolzheim, Stadt	II
Herbrechtingen, Stadt	I
Herrenberg, Stadt	V
Hockenheim, Stadt	IV
Holzgerlingen, Stadt	VI
Horb am Neckar, Stadt	II
Isny im Allgäu, Stadt	III
Karlsbad	III
Karlsdorf-Neuthard	III
Karlsruhe, Stadt	IV
Kehl, Stadt	III
Kenzingen, Stadt	II
Kernen im Remstal	V
Ketsch	IV
Kirchheim unter Teck, Stadt	V
Köngen	V
Konstanz, Stadt	V
Korb	IV
Korntal-Münchingen, Stadt	VI
Kornwestheim, Stadt	V
Kraichtal, Stadt	II
Künzelsau, Stadt	II
Ladenburg, Stadt	III
Lahr/Schwarzwald, Stadt	II
Laichingen, Stadt	II

Gemeinde	Mietenstufe
Langenau, Stadt	III
Lauda-Königshofen, Stadt	I
Lauffen am Neckar, Stadt	IV
Laupheim, Stadt	III
Leimen, Stadt	V
Leinfelden-Echterdingen, Stadt	VI
Leingarten	IV
Leonberg, Stadt	VI
Leutenbach	III
Leutkirch im Allgäu, Stadt	II
Linkenheim-Hochstetten	II
Lorch, Stadt	III
Lörrach, Stadt	IV
Ludwigsburg, Stadt	V
Malsch	III
Mannheim, Stadt	V
Marbach am Neckar, Stadt	V
Markdorf, Stadt	IV
Markgröningen, Stadt	IV
Meckenbeuren	IV
Meßstetten, Stadt	I
Metzingen, Stadt	IV
Möglingen	V
Mosbach, Stadt	III
Mössingen, Stadt	IV
Mühlacker, Stadt	III
Müllheim, Stadt	IV
Münsingen, Stadt	II
Murrhardt, Stadt	II
Nagold, Stadt	IV
Neckargemünd, Stadt	IV
Neckarsulm, Stadt	III
Neuenburg am Rhein	IV
Neuhausen auf den Fildern	V
Niefern-Öschelbronn	III
Nürtingen, Stadt	IV
Nußloch	V
Oberderdingen	II
Oberkirch, Stadt	II
Oberndorf am Neckar, Stadt	I
Obersulm	III
Öhringen, Stadt	III
Östringen, Stadt	II
Offenburg, Stadt	III
Oftersheim	III
Ostfildern, Stadt	V
Pfinztal	III

Gemeinde	Mietenstufe
Pforzheim, Stadt	IV
Pfullendorf, Stadt	II
Pfullingen, Stadt	IV
Philippsburg, Stadt	II
Plankstadt	III
Plochingen, Stadt	IV
Radolfzell am Bodensee, Stadt	IV
Rastatt, Stadt	III
Ravensburg, Stadt	V
Remchingen	II
Remseck am Neckar, Stadt	V
Remshalden	III
Renningen, Stadt	VI
Reutlingen, Stadt	IV
Rheinau, Stadt	I
Rheinfelden (Baden), Stadt	IV
Rheinstetten, Stadt	IV
Riedlingen, Stadt	I
Rielasingen-Worblingen	IV
Rottenburg am Neckar, Stadt	IV
Rottweil, Stadt	III
Rudersberg	II
Rutesheim, Stadt	V
Sachsenheim, Stadt	IV
Salem	III
Sandhausen	IV
Sankt Georgen i. Schwarzw., Stadt	II
Sankt Leon-Rot	III
Schönaich	IV
Schopfheim, Stadt	III
Schorndorf, Stadt	IV
Schramberg, Stadt	I
Schriesheim, Stadt	IV
Schwäbisch Gmünd, Stadt	III
Schwäbisch Hall, Stadt	II
Schwaigern, Stadt	III
Schwetzingen, Stadt	IV
Schwieberdingen	V
Sigmaringen, Stadt	II
Sindelfingen, Stadt	V
Singen (Hohentwiel), Stadt	IV
Sinsheim, Stadt	III
Sinzheim	II
Spaichingen, Stadt	III
Steinen	V
Steinheim an der Murr, Stadt	III
Stockach, Stadt	III

Gemeinde	Mietenstufe
Straubenhardt	II
Stutensee, Stadt	III
Stuttgart, Landeshauptstadt	VI
Sulz am Neckar, Stadt	I
Süßen, Stadt	III
Tamm	V
Tauberbischofsheim, Stadt	I
Teningen	III
Tettnang, Stadt	IV
Titisee-Neustadt, Stadt	II
Trossingen, Stadt	III
Tübingen, Stadt	VII
Tuttlingen, Stadt	III
Überlingen, Stadt	IV
Ubstadt-Weiher	III
Uhingen, Stadt	III
Ulm, Stadt	IV
Vaihingen an der Enz, Stadt	III
Villingen-Schwenningen, Stadt	III
Waghäusel, Stadt	II
Waiblingen, Stadt	V
Waldbronn	IV
Waldkirch, Stadt	III
Waldshut-Tiengen, Stadt	III
Walldorf, Stadt	V
Walldürn, Stadt	I
Wangen im Allgäu, Stadt	III
Wehr, Stadt	III
Weil am Rhein, Stadt	V
Weil der Stadt, Stadt	V
Weilheim an der Teck, Stadt	IV
Weingarten (Baden)	III
Weingarten, Stadt	V
Weinheim, Stadt	IV
Weinsberg, Stadt	III
Weinstadt, Stadt	V
Welzheim, Stadt	III
Wendlingen am Neckar, Stadt	V
Wernau (Neckar), Stadt	V
Wertheim, Stadt	II
Wiesloch, Stadt	V
Wildberg, Stadt	II
Winnenden, Stadt	V

Kreis	Mietenstufe
Alb-Donau-Kreis	II
Biberach	I
Böblingen	IV
Bodenseekreis	IV
Breisgau-Hochschwarzwald	III
Calw	II
Emmendingen	II
Enzkreis	II
Esslingen	III
Freudenstadt	I
Göppingen	II
Heidenheim	I
Heilbronn	II
Hohenlohekreis	I
Karlsruhe	II
Konstanz	II
Lörrach	III
Ludwigsburg	IV
Main-Tauber-Kreis	I
Neckar-Odenwald-Kreis	I
Ortenaukreis	I
Ostalbkreis	II
Rastatt	II
Ravensburg	II
Rems-Murr-Kreis	II
Reutlingen	II
Rhein-Neckar-Kreis	II
Rottweil	I
Schwäbisch-Hall	I
Schwarzwald-Baar-Kreis	II
Sigmaringen	I
Tübingen	IV
Tuttlingen	I
Waldshut	II
Zollernalbkreis	I

Land: Bayern

Gemeinde	Mietenstufe
Abensberg, Stadt	II
Aichach, Stadt	III
Altdorf, Markt	III
Altdorf bei Nürnberg, Stadt	III
Altötting, Stadt	II
Altusried, Markt	I
Alzenau, Stadt	II
Amberg, Stadt	II
Ansbach, Stadt	II
Aschaffenburg, Stadt	IV
Augsburg, Stadt	IV
Bad Abbach, Markt	III
Bad Aibling, Stadt	IV
Bad Kissingen, Stadt	I
Bad Neustadt a. d. Saale, Stadt	I
Bad Reichenhall, Stadt	IV
Bad Staffelstein, Stadt	I
Bad Tölz, Stadt	V
Bad Windsheim, Stadt	I
Bad Wörishofen, Stadt	II
Bamberg, Stadt	III
Bayreuth, Stadt	III
Bobingen, Stadt	IV
Bogen, Stadt	I
Bruckmühl, Markt	IV
Buchloe, Stadt	II
Burghausen, Stadt	III
Burgkirchen a. d. Alz	II
Burglengenfeld, Stadt	II
Burgthann	I
Cadolzburg,Markt	II
Cham, Stadt	I
Coburg, Stadt	II
Dachau, Stadt	VII
Deggendorf, Stadt	II
Diedorf, Markt	III
Dießen a. Ammersee, Markt	V
Dillingen a. d. Donau, Stadt	II
Dingolfing, Stadt	II
Dinkelsbühl, Stadt	I
Donauwörth, Stadt	II
Dorfen, Stadt	IV
Ebersberg, Stadt	VI
Eching	VII
Eckental, Markt	III
Eggenfelden, Stadt	II
Eichenau	VII
Eichstätt, Stadt	III
Erding, Stadt	VI
Ergolding, Markt	III
Erlangen, Stadt	IV
Erlenbach am Main, Stadt	II
Essenbach, Markt	II
Feldkirchen-Westerham	V
Feucht, Markt	IV

Gemeinde	Mietenstufe
Feuchtwangen, Stadt	II
Forchheim, Stadt	II
Freilassing, Stadt	IV
Freising, Stadt	VI
Friedberg, Stadt	III
Fürstenfeldbruck, Stadt	VII
Fürth, Stadt	IV
Füssen, Stadt	III
Gaimersheim, Markt	IV
Garching bei München, Stadt	VI
Garmisch-Partenkirchen, Markt	VI
Gauting	VII
Geisenfeld, Stadt	II
Gemünden a. Main, Stadt	I
Geretsried, Stadt	IV
Germering, Stadt	VII
Gersthofen, Stadt	III
Gilching	VII
Gräfelfing	VII
Grafing bei München, Stadt	VII
Gröbenzell	VII
Großostheim, Markt	II
Grünwald	VII
Günzburg, Stadt	II
Gunzenhausen, Stadt	I
Haar	VII
Hallbergmoos	VII
Hammelburg, Stadt	I
Haßfurt, Stadt	II
Hauzenberg, Stadt	I
Herrsching a. Ammersee	V
Hersbruck, Stadt	III
Herzogenaurach, Stadt	IV
Hilpoltstein, Stadt	I
Hirschaid, Markt	II
Höchstadt a. d. Aisch, Stadt	II
Hof, Stadt	I
Höhenkirchen-Siegertsbrunn	VII
Holzkirchen, Markt	IV
Hösbach, Markt	II
Illertissen, Stadt	II
Immenstadt i. Allgäu, Stadt	III
Ingolstadt, Stadt	IV
Ismaning	VII
Karlsfeld	VII
Karlstadt, Stadt	I
Kaufbeuren, Stadt	III
Kaufering, Markt	III
Kelheim, Stadt	II
Kempten (Allgäu), Stadt	IV
Kirchheim bei München	VII
Kirchseeon, Markt	VII
Kissing	IV
Kitzingen, Stadt	II
Kolbermoor, Stadt	IV
Königsbrunn, Stadt	IV
Kronach, Stadt	II
Krumbach (Schwaben), Stadt	II
Kulmbach, Stadt	I
Landau an der Isar, Stadt	I
Landsberg a. Lech, Stadt	V
Landshut, Stadt	IV
Langenzenn, Stadt	II
Lappersdorf, Markt	III
Lauf a. d. Pegnitz, Stadt	IV
Lauingen (Donau), Stadt	I
Lenggries	III
Lichtenfels, Stadt	I
Lindau (Bodensee), Stadt	V
Lindenberg i. Allgäu, Stadt	III
Lohr am Main, Stadt	II
Mainburg, Stadt	II
Maisach	VI
Manching, Markt	V
Markt Indersdorf, Markt	V
Markt Schwaben, Markt	VII
Marktheidenfeld, Stadt	I
Marktoberdorf, Stadt	II
Marktredwitz, Stadt	I
Maxhütte-Haidhof, Stadt	II
Meitingen, Markt	II
Memmingen, Stadt	III
Mering, Markt	IV
Miesbach, Stadt	V
Mindelheim, Stadt	II
Mömbris, Markt	I
Moosburg an der Isar, Stadt	V
Mühldorf am Inn, Stadt	II
Münchberg, Stadt	I
München, Landeshauptstadt	VII
Murnau am Staffelsee, Markt	V
Neubiberg	VII
Neuburg an der Donau, Stadt	III
Neufahrn bei Freising	VII

Gemeinde	Mietenstufe
Neumarkt i. d. Opf., Stadt	III
Neusäß, Stadt	IV
Neustadt an der Aisch, Stadt	I
Neustadt an der Donau, Stadt	II
Neustadt bei Coburg, Stadt	I
Neutraubling, Stadt	IV
Neu-Ulm, Stadt	IV
Nördlingen, Stadt	II
Nürnberg, Stadt	V
Oberasbach, Stadt	III
Oberhaching	VII
Oberschleißheim	VII
Ochsenfurt, Stadt	II
Olching, Stadt	VI
Osterhofen, Stadt	I
Ottobrunn	VII
Passau, Stadt	III
Pegnitz, Stadt	I
Peißenberg, Markt	IV
Peiting, Markt	II
Penzberg, Stadt	IV
Pfaffenhofen a. d. Ilm, Stadt	IV
Pfarrkirchen, Stadt	I
Planegg	VII
Plattling, Stadt	II
Pocking, Stadt	I
Poing	VII
Prien am Chiemsee, Markt	IV
Puchheim, Stadt	VII
Raubling	IV
Regen, Stadt	I
Regensburg, Stadt	V
Regenstauf, Markt	II
Rödental, Stadt	I
Roding, Stadt	I
Rosenheim, Stadt	V
Roth, Stadt	II
Röthenbach a. d. Pegnitz, Stadt	III
Rothenburg ob der Tauber, Stadt	I
Schongau, Stadt	IV
Schrobenhausen, Stadt	II
Schwabach, Stadt	III
Schwabmünchen, Stadt	III
Schwandorf, Stadt	I
Schweinfurt, Stadt	II
Selb, Stadt	I
Senden, Stadt	IV
Sonthofen, Stadt	III
Stadtbergen, Stadt	III
Starnberg, Stadt	VII
Stein, Stadt	IV
Stephanskirchen	V
Straubing, Stadt	II
Sulzbach-Rosenberg, Stadt	I
Taufkirchen	III
Taufkirchen (Vils)	III
Traunreut, Stadt	II
Traunstein, Stadt	III
Treuchtlingen, Stadt	I
Trostberg, Stadt	II
Unterföhrung	VII
Unterhaching	VII
Unterschleißheim, Stadt	VII
Vaterstetten	VII
Vilsbiburg, Stadt	II
Vilshofen a. d. Donau, Stadt	I
Vöhringen, Stadt	III
Waldkirchen, Stadt	I
Waldkraiburg, Stadt	II
Wasserburg am Inn, Stadt	IV
Weiden i. d. Oberpfalz, Stadt	I
Weilheim i. OB, Stadt	IV
Weißenburg i. Bayern, Stadt	I
Weißenhorn, Stadt	II
Wendelstein, Markt	IV
Werneck, Markt	I
Wolfratshausen, Stadt	VI
Wolnzach, Markt	II
Würzburg, Stadt	IV
Zirndorf, Stadt	II

Kreis	Mietenstufe
Aichach-Friedberg	II
Altötting	I
Amberg-Sulzbach	I
Ansbach	I
Aschaffenburg	II
Augsburg	II
Bad Kissingen	I
Bad Tölz-Wolfratshausen	IV
Bamberg	I
Bayreuth	I
Berchtesgadener Land	III

5

Kreis	Mietenstufe
Cham	I
Coburg	I
Dachau	V
Deggendorf	I
Dillingen a. d. Donau	I
Dingolfing-Landau	I
Donau-Ries	I
Ebersberg	VI
Eichstätt	I
Erding	IV
Erlangen-Höchstadt	III
Forchheim	I
Freising	IV
Freyung-Grafenau	I
Fürstenfeldbruck	VI
Fürth	III
Garmisch-Partenkirchen	IV
Günzburg	II
Haßberge	I
Hof	I
Kelheim	I
Kitzingen	I
Kronach	I
Kulmbach	I
Landsberg a. Lech	III
Landshut	I
Lichtenfels	I
Lindau (Bodensee)	II
Main-Spessart	I
Miesbach	IV
Miltenberg	I
Mühldorf a. Inn	I
München	VII
Neuburg-Schrobenhausen	I
Neumarkt i. d. Oberpfalz	I
Neustadt a. d. Waldnaab	I
Neustadt/Aisch-Bad Winsheim	I
Neu-Ulm	II
Nürnberger Land	II
Oberallgäu	II
Ostallgäu	I
Passau	I
Pfaffenhofen a. d. Ilm	III
Regen	I
Regensburg	II
Rhön-Grabfeld	I
Rosenheim	III
Roth	I
Rottal-Inn	I
Schwandorf	I
Schweinfurt	I
Starnberg	VI
Straubing-Bogen	I
Tirschenreuth	I
Traunstein	II
Unterallgäu	I
Weilheim-Schongau	III
Weißenburg-Gunzenhausen	I
Wunsiedel im Fichtelgebirge	I
Würzburg	II

Land: Berlin

Gemeinde	Mietenstufe
Berlin, Stadt	IV

Land: Brandenburg

Gemeinde	Mietenstufe
Ahrensfelde	III
Angermünde, Stadt	II
Bad Belzig, Stadt	II
Bad Freienwalde (Oder), Stadt	I
Beelitz, Stadt	III
Bernau bei Berlin, Stadt	III
Blankenfelde-Mahlow	IV
Brandenburg a. d. Havel, Stadt	II
Brieselang	V
Cottbus, Stadt	II
Eberswalde, Stadt	III
Eisenhüttenstadt, Stadt	III
Erkner, Stadt	III
Falkensee, Stadt	IV
Finsterwalde, Stadt	II
Forst (Lausitz), Stadt	I
Frankfurt (Oder), Stadt	II
Fredersdorf-Vogelsdorf	IV
Fürstenwalde/Spree, Stadt	II
Glienicke/Nordbahn	V
Guben, Stadt	II
Hennigsdorf, Stadt	III
Hohen Neuendorf, Stadt	IV
Hoppegarten	V
Jüterbog, Stadt	I
Kleinmachnow	IV

Gemeinde	Mietenstufe
Kloster Lehnin	II
Königs Wusterhausen, Stadt	III
Lauchhammer, Stadt	II
Lübben/Spreewald, Stadt	II
Lübbenau/Spreewald, Stadt	I
Luckenwalde, Stadt	II
Ludwigsfelde, Stadt	III
Michendorf	V
Mühlenbecker Land	IV
Nauen, Stadt	III
Neuenhagen bei Berlin	IV
Neuruppin, Stadt	II
Oberkrämer	III
Oranienburg, Stadt	III
Panketal	IV
Perleberg, Stadt	I
Petershagen/Eggersdorf	III
Potsdam, Landeshauptstadt	IV
Prenzlau, Stadt	II
Pritzwalk, Stadt	I
Rangsdorf	III
Rathenow, Stadt	II
Rüdersdorf bei Berlin	II
Schönefeld	III
Schöneiche bei Berlin	III
Schwedt/Oder, Stadt	II
Schwielowsee	IV
Senftenberg, Stadt	II
Spremberg, Stadt	II
Stahnsdorf	IV
Strausberg, Stadt	II
Teltow, Stadt	IV
Templin, Stadt	II
Velten, Stadt	II
Wandlitz	III
Werder (Havel), Stadt	III
Wildau, Stadt	IV
Wittenberge, Stadt	I
Wittstock/Dosse, Stadt	I
Zehdenick, Stadt	I
Zeuthen	III
Zossen, Stadt	II

Kreis	Mietenstufe
Barnim	II
Dahme-Spreewald	II
Elbe-Elster	I
Havelland	II
Märkisch-Oderland	I
Oberhavel	II
Oberspreewald-Lausitz	I
Oder-Spree	II
Ostprignitz-Ruppin	I
Potsdam-Mittelmark	II
Prignitz	I
Spree-Neiße	I
Teltow-Fläming	II
Uckermark	I

Land: Bremen

Gemeinde	Mietenstufe
Bremen, Stadt	IV
Bremerhaven	II

Land: Hamburg

Gemeinde	Mietenstufe
Hamburg, Stadt	VI

Land: Hessen

Gemeinde	Mietenstufe
Alsfeld, Stadt	I
Altenstadt	III
Bad Arolsen, Stadt	I
Aßlar, Stadt	II
Babenhausen, Stadt	III
Bad Camberg, Stadt	II
Bad Hersfeld, Stadt	I
Bad Homburg v. d. Höhe, Stadt	VI
Bad Nauheim, Stadt	IV
Bad Schwalbach, Stadt	III
Bad Soden am Taunus, Stadt	VII
Bad Soden-Salmünster, Stadt	I
Bad Vilbel, Stadt	V
Bad Wildungen, Stadt	I
Baunatal, Stadt	II
Bebra, Stadt	I
Bensheim, Stadt	III
Biebertal	II
Biedenkopf, Stadt	I
Bischofsheim	IV
Borken (Hessen), Stadt	I

5

Gemeinde	Mietenstufe
Braunfels, Stadt	II
Bruchköbel, Stadt	III
Büdingen, Stadt	I
Bürstadt, Stadt	II
Buseck	II
Büttelborn	IV
Butzbach, Stadt	II
Darmstadt, Stadt	VI
Dautphetal	I
Dieburg, Stadt	IV
Dietzenbach, Stadt	VI
Dillenburg, Stadt	II
Dreieich, Stadt	V
Egelsbach	VI
Eichenzell	I
Eltville am Rhein, Stadt	V
Eppstein, Stadt	V
Erbach, Stadt	III
Erlensee, Stadt	IV
Eschborn, Stadt	VI
Eschenburg	I
Eschwege, Stadt	I
Felsberg, Stadt	I
Flörsheim am Main, Stadt	V
Frankenberg (Eder), Stadt	I
Frankfurt am Main, Stadt	VI
Freigericht	II
Friedberg (Hessen), Kreisstadt	IV
Friedrichsdorf, Stadt	V
Fritzlar, Stadt	I
Fulda, Stadt	II
Fuldatal	II
Fürth	I
Geisenheim, Stadt	IV
Gelnhausen, Stadt	III
Gernsheim, Stadt	III
Gießen, Stadt	IV
Ginsheim-Gustavsburg, Stadt	IV
Gladenbach, Stadt	II
Griesheim, Stadt	V
Groß-Gerau, Stadt	V
Groß-Umstadt, Stadt	IV
Groß-Zimmern	IV
Grünberg, Stadt	I
Gründau	II
Hadamar, Stadt	II
Haiger, Stadt	I
Hainburg	III
Hanau, Stadt	IV
Hattersheim am Main, Stadt	VI
Heppenheim (Bergstraße), Stadt	III
Herborn, Stadt	II
Hessisch Lichtenau, Stadt	I
Heusenstamm, Stadt	V
Hochheim am Main, Stadt	V
Höchst i. Odw.	II
Hofgeismar, Stadt	I
Hofheim am Taunus, Stadt	V
Homberg (Efze), Stadt	I
Hünfeld, Stadt	I
Hungen, Stadt	I
Hünstetten	I
Hüttenberg	II
Idstein, Stadt	III
Karben, Stadt	IV
Kassel, Stadt	III
Kaufungen	II
Kelkheim (Taunus), Stadt	VI
Kelsterbach, Stadt	IV
Kirchhain, Stadt	II
Königstein im Taunus, Stadt	V
Korbach, Stadt	I
Kriftel	VI
Kronberg im Taunus, Stadt	V
Künzell	II
Lampertheim, Stadt	II
Langen (Hessen), Stadt	VI
Langenselbold, Stadt	III
Langgöns	II
Lauterbach (Hessen), Stadt	I
Lich, Stadt	II
Limburg a. d. Lahn, Stadt	II
Linden, Stadt	III
Lohfelden	II
Lollar, Stadt	II
Lorsch, Stadt	IV
Maintal, Stadt	V
Marburg, Stadt	IV
Melsungen, Stadt	I
Michelstadt, Stadt	II
Mörlenbach	II
Mörfelden-Walldorf, Stadt	V
Mühlheim am Main, Stadt	V
Mühltal	V

Gemeinde	Mietenstufe
Münster (Hessen)	IV
Nauheim	III
Neu-Anspach, Stadt	IV
Neuhof	I
Neu-Isenburg, Stadt	VI
Nidda, Stadt	I
Nidderau, Stadt	III
Niedernhausen	IV
Niestetal	II
Ober-Ramstadt, Stadt	IV
Obertshausen, Stadt	IV
Oberursel (Taunus), Stadt	VI
Oberzent, Stadt	I
Oestrich-Winkel, Stadt	IV
Offenbach am Main, Stadt	VI
Petersberg	I
Pfungstadt, Stadt	IV
Pohlheim, Stadt	II
Raunheim, Stadt	VI
Reinheim, Stadt	III
Reiskirchen	II
Riedstadt, Stadt	IV
Rodenbach	IV
Rödermark, Stadt	IV
Rodgau, Stadt	V
Rosbach v. d. Höhe, Stadt	III
Roßdorf	IV
Rotenburg a. d. Fulda, Stadt	I
Rüsselsheim am Main, Stadt	V
Schauenburg	I
Schlüchtern, Stadt	II
Schöneck	IV
Schotten, Stadt	I
Schwalbach am Taunus, Stadt	V
Schwalmstadt, Stadt	I
Seeheim-Jugenheim	V
Seligenstadt, Stadt	IV
Solms, Stadt	II
Stadtallendorf, Stadt	II
Steinau an der Straße, Stadt	I
Steinbach (Taunus), Stadt	V
Taunusstein, Stadt	IV
Trebur	IV
Usingen, Stadt	IV
Vellmar, Stadt	II
Viernheim, Stadt	III
Wächtersbach, Stadt	II
Wald-Michelbach	II
Weilburg, Stadt	I
Weiterstadt, Stadt	V
Wettenberg	III
Wetzlar, Stadt	III
Wiesbaden, Landeshauptstadt	VI
Witzenhausen, Stadt	I
Wolfhagen, Stadt	I

Kreis	Mietenstufe
Bergstraße	II
Darmstadt-Dieburg	IV
Fulda	I
Gießen	II
Groß-Gerau	III
Hersfeld-Rotenburg	I
Hochtaunuskreis	IV
Kassel	I
Lahn-Dill-Kreis	I
Limburg-Weilburg	I
Main-Kinzig-Kreis	II
Main-Taunus-Kreis	VI
Marburg-Biedenkopf	I
Odenwaldkreis	II
Offenbach	IV
Rheingau-Taunus-Kreis	II
Schwalm-Eder-Kreis	I
Vogelsbergkreis	I
Waldeck-Frankenberg	I
Werra-Meißner-Kreis	I
Wetteraukreis	I

Land: Mecklenburg-Vorpommern

Gemeinde	Mietenstufe
Anklam, Stadt	II
Bad Doberan, Stadt	III
Bergen auf Rügen, Stadt	II
Boizenburg/Elbe, Stadt	II
Demmin, Stadt	II
Greifswald, Hansestadt	III
Grevesmühlen, Stadt	II
Güstrow, Stadt	II
Hagenow, Stadt	II
Ludwigslust, Stadt	II
Neubrandenburg, Stadt	II

Gemeinde	Mietenstufe
Neustrelitz, Stadt	II
Parchim, Stadt	II
Pasewalk, Stadt	I
Ribnitz-Damgarten, Stadt	II
Rostock, Stadt	IV
Schwerin, Landeshauptstadt	III
Stralsund, Hansestadt	III
Waren (Müritz), Stadt	III
Wismar, Stadt	III
Wolgast, Stadt	III

Kreis	Mietenstufe
Rostock	II
Ludwigslust-Parchim	I
Mecklenburgische Seenplatte	I
Nordwestmecklenburg	II
Vorpommern-Greifswald	II
Vorpommern-Rügen	II

Land: Niedersachsen

Gemeinde	Mietenstufe
Achim, Stadt	III
Adendorf	IV
Aerzen, Flecken	I
Alfeld (Leine), Stadt	I
Apen	I
Aurich, Stadt	I
Bad Bentheim, Stadt	II
Bad Essen	I
Bad Fallingbostel, Stadt	I
Bad Harzburg, Stadt	II
Bad Iburg, Stadt	II
Bad Lauterberg im Harz, Stadt	I
Bad Münder am Deister, Stadt	I
Bad Nenndorf, Stadt	II
Bad Pyrmont, Stadt	I
Bad Salzdetfurth, Stadt	II
Bad Zwischenahn	II
Barsinghausen, Stadt	II
Barßel	I
Bassum, Stadt	I
Belm	I
Bergen, Stadt	I
Beverstedt	I
Bissendorf	I
Bohmte	I
Bovenden, Flecken	II
Brake (Unterweser), Stadt	II
Bramsche, Stadt	I
Braunschweig, Stadt	IV
Bremervörde, Stadt	II
Buchholz i. d. Nordheide, Stadt	VI
Bückeburg, Stadt	II
Burgdorf, Stadt	III
Burgwedel, Stadt	V
Buxtehude, Stadt	V
Celle, Stadt	III
Clausthal-Zellerfeld, Stadt	I
Cloppenburg, Stadt	II
Cremlingen	III
Cuxhaven, Stadt	II
Damme, Stadt	I
Delmenhorst, Stadt	III
Diepholz, Stadt	I
Dinklage, Stadt	I
Drochtersen	II
Duderstadt, Stadt	I
Edemissen	II
Edewecht	II
Einbeck, Stadt	I
Emden, Stadt	II
Emsbueren	I
Emstek	I
Friedeburg	I
Friedland	I
Friesoythe, Stadt	I
Ganderkesee	II
Garbsen, Stadt	IV
Garrel	I
Geeste	I
Geestland, Stadt	II
Gehrden, Stadt	III
Georgsmarienhütte, Stadt	II
Gifhorn, Stadt	III
Goldenstedt	I
Goslar, Stadt	II
Göttingen, Stadt	IV
Gronau (Leine), Stadt	I
Großefehn	I
Großenkneten	II
Hagen am Teutoburger Wald	I
Hagen im Bremischen	I

Gemeinde	Mietenstufe
Hambühren	II
Hameln, Stadt	II
Hann. Münden, Stadt	I
Hannover, Landeshauptstadt	V
Haren (Ems), Stadt	I
Harsefeld, Flecken	III
Harsum	II
Hasbergen	II
Haselünne, Stadt	I
Hatten	II
Helmstedt, Stadt	II
Hemmingen, Stadt	IV
Herzberg am Harz, Stadt	I
Hessisch Oldendorf, Stadt	I
Hildesheim, Stadt	III
Hilter am Teutoburger Wald	I
Holzminden, Stadt	I
Hude (Oldenburg)	I
Ihlow	I
Ilsede	I
Isernhagen	IV
Jever, Stadt	II
Jork	IV
Kirchlinteln	I
Königslutter am Elm, Stadt	II
Krummhörn	I
Laatzen, Stadt	IV
Langelsheim, Stadt	I
Langenhagen, Stadt	IV
Langwedel, Flecken	I
Leer (Ostfriesland), Stadt	II
Lehre	II
Lehrte, Stadt	III
Lengede	II
Lilienthal	III
Lingen (Ems), Stadt	I
Lohne (Oldenburg), Stadt	I
Löningen, Stadt	I
Loxstedt	I
Lüneburg, Stadt	V
Melle, Stadt	I
Meppen, Stadt	I
Moormerland	I
Munster, Stadt	II
Neu Wulmstorf	V
Neustadt am Rübenberge, Stadt	II
Nienburg (Weser), Stadt	II
Norden, Stadt	II
Nordenham, Stadt	II
Nordhorn, Stadt	II
Nordstemmen	I
Northeim, Stadt	II
Oldenburg (Oldenburg), Stadt	IV
Osnabrück, Stadt	III
Osterholz-Scharmbeck, Stadt	II
Osterode am Harz, Stadt	I
Ostrhauderfehn	I
Ottersberg, Flecken	II
Oyten	II
Papenburg, Stadt	I
Pattensen, Stadt	III
Peine, Stadt	III
Quakenbrück, Stadt	I
Rastede	II
Rehburg-Loccum, Stadt	I
Rhauderfehn	I
Rinteln, Stadt	I
Ritterhude	II
Ronnenberg, Stadt	IV
Rosdorf	III
Rosengarten	IV
Rotenburg (Wümme), Stadt	III
Salzgitter, Stadt	II
Sarstedt, Stadt	II
Sassenburg	II
Saterland	I
Scheessel	I
Schiffdorf	I
Schneverdingen, Stadt	II
Schöningen, Stadt	I
Schortens, Stadt	I
Schüttorf, Stadt	I
Schwanewede	II
Seelze, Stadt	IV
Seesen, Stadt	I
Seevetal	V
Sehnde, Stadt	III
Soltau, Stadt	II
Springe, Stadt	II
Stade, Stadt	IV
Stadthagen, Stadt	II
Steinfeld (Oldenburg)	I
Stelle	V
Stuhr	III

Gemeinde	Mietenstufe
Südbrookmerland	I
Südheide	I
Sulingen, Stadt	II
Syke, Stadt	II
Tostedt	III
Twistringen, Stadt	I
Uelzen, Stadt	II
Uetze	II
Uplengen	I
Uslar, Stadt	I
Varel, Stadt	I
Vechelde	III
Vechta, Stadt	II
Verden (Aller), Stadt	II
Wallenhorst	I
Walsrode, Stadt	II
Wardenburg	II
Wedemark	III
Weener, Stadt	I
Wendeburg	I
Wennigsen (Deister)	II
Werlte, Stadt	I
Westerstede, Stadt	I
Westoverledingen	I
Weyhe	III
Wiefelstede	II
Wiesmoor, Stadt	I
Wietmarschen	I
Wildeshausen, Stadt	II
Wilhelmshaven, Stadt	II
Winsen (Aller)	II
Winsen (Luhe), Stadt	IV
Wittingen, Stadt	I
Wittmund, Stadt	I
Wolfenbüttel, Stadt	III
Wolfsburg, Stadt	IV
Wunstorf, Stadt	II
Wurster Nordseeküste	I
Zetel	I
Zeven, Stadt	II

Kreis	Mietenstufe
Aurich	I
Celle	I
Cloppenburg	I
Cuxhaven	I
Diepholz	I
Emsland	I
Friesland	I
Gifhorn	I
Goslar	I
Göttingen	I
Grafschaft Bentheim	I
Hameln-Pyrmont	I
Harburg	III
Heidekreis	I
Helmstedt	I
Hildesheim	I
Holzminden	I
Leer	I
Lüchow-Dannenberg	I
Lüneburg	II
Nienburg (Weser)	I
Northeim	I
Oldenburg	I
Osnabrück	I
Osterholz	I
Peine	I
Rotenburg (Wümme)	I
Schaumburg	I
Stade	II
Uelzen	I
Vechta	I
Verden	I
Wesermarsch	I
Wittmund	I
Wolfenbüttel	I

Land: Nordrhein-Westfalen

Gemeinde	Mietenstufe
Aachen, Stadt	IV
Ahaus, Stadt	II
Ahlen, Stadt	II
Aldenhoven	III
Alfter	IV
Alpen	II
Alsdorf, Stadt	II
Altena, Stadt	I
Altenberge	II
Anröchte	I
Arnsberg, Stadt	II
Ascheberg	II

Gemeinde	Mietenstufe
Attendorn, Stadt	II
Bad Berleburg, Stadt	I
Bad Driburg, Stadt	I
Bad Honnef, Stadt	IV
Bad Laasphe, Stadt	I
Bad Lippspringe, Stadt	II
Bad Münstereifel, Stadt	II
Bad Oeynhausen, Stadt	II
Bad Salzuflen, Stadt	II
Bad Sassendorf	II
Bad Wünnenberg, Stadt	I
Baesweiler, Stadt	II
Balve, Stadt	I
Beckum, Stadt	II
Bedburg, Stadt	III
Bedburg-Hau	II
Bergheim, Stadt	III
Bergisch-Gladbach, Stadt	V
Bergkamen, Stadt	III
Bergneustadt, Stadt	II
Bestwig	I
Beverungen, Stadt	I
Bielefeld, Stadt	III
Billerbeck, Stadt	I
Blomberg, Stadt	I
Bocholt, Stadt	III
Bochum, Stadt	III
Bönen	II
Bonn, Stadt	V
Borchen	I
Borken, Stadt	II
Bornheim, Stadt	IV
Bottrop, Stadt	III
Brakel, Stadt	I
Brilon, Stadt	I
Brüggen	II
Brühl, Stadt	V
Bünde, Stadt	II
Burbach	II
Büren, Stadt	I
Burscheid, Stadt	IV
Castrop-Rauxel, Stadt	III
Coesfeld, Stadt	II
Datteln, Stadt	II
Delbrück, Stadt	II
Detmold, Stadt	II
Dinslaken, Stadt	III
Dormagen, Stadt	IV
Dorsten, Stadt	III
Dortmund, Stadt	III
Drensteinfurt, Stadt	II
Drolshagen, Stadt	II
Duisburg, Stadt	III
Dülmen, Stadt	II
Düren, Stadt	III
Düsseldorf, Landeshauptstadt	VI
Eitorf	II
Elsdorf, Stadt	III
Emmerich am Rhein, Stadt	II
Emsdetten, Stadt	II
Engelskirchen	III
Enger, Stadt	II
Ennepetal, Stadt	III
Ennigerloh, Stadt	I
Ense	I
Erftstadt, Stadt	IV
Erkelenz, Stadt	II
Erkrath, Stadt	IV
Erwitte, Stadt	I
Eschweiler, Stadt	III
Espelkamp, Stadt	II
Essen, Stadt	IV
Euskirchen, Stadt	III
Extertal	I
Finnentrop	I
Frechen, Stadt	V
Freudenberg, Stadt	II
Fröndenberg, Stadt	II
Gangelt	I
Geilenkirchen, Stadt	II
Geldern, Stadt	III
Gelsenkirchen, Stadt	II
Gescher, Stadt	II
Geseke, Stadt	II
Gevelsberg, Stadt	III
Gladbeck, Stadt	II
Goch, Stadt	II
Grefrath	III
Greven, Stadt	III
Grevenbroich, Stadt	IV
Gronau (Westfalen), Stadt	II
Gummersbach, Stadt	II
Gütersloh, Stadt	III
Haan, Stadt	IV

Gemeinde	Mietenstufe
Hagen, Stadt	III
Halle (Westfalen), Stadt	II
Haltern am See, Stadt	III
Halver, Stadt	III
Hamm, Stadt	II
Hamminkeln, Stadt	II
Harsewinkel, Stadt	II
Hattingen, Stadt	III
Havixbeck	III
Heiligenhaus, Stadt	IV
Heinsberg, Stadt	II
Hemer, Stadt	II
Hennef (Sieg), Stadt	IV
Herdecke, Stadt	III
Herford, Stadt	II
Herne, Stadt	II
Herten, Stadt	III
Herzebrock-Clarholz	II
Herzogenrath, Stadt	III
Hiddenhausen	II
Hilchenbach, Stadt	II
Hilden, Stadt	V
Hille	I
Holzwickede	III
Horn-Bad Meinberg, Stadt	I
Hörstel, Stadt	I
Hövelhof	I
Höxter, Stadt	I
Hückelhoven, Stadt	II
Hückeswagen, Stadt	III
Hüllhorst	I
Hünxe	III
Hürth, Stadt	V
Ibbenbüren, Stadt	II
Iserlohn, Stadt	III
Isselburg, Stadt	II
Issum	II
Jüchen	III
Jülich, Stadt	III
Kaarst, Stadt	V
Kalkar, Stadt	II
Kall	II
Kalletal	I
Kamen, Stadt	III
Kamp-Lintfort, Stadt	III
Kempen, Stadt	III
Kerken	II
Kerpen, Stadt	IV
Kevelaer, Stadt	II
Kierspe, Stadt	II
Kirchhundem	I
Kirchlengern	I
Kleve, Stadt	III
Köln, Stadt	VI
Königswinter, Stadt	IV
Korschenbroich, Stadt	III
Kranenburg	II
Krefeld, Stadt	IV
Kreuzau	II
Kreuztal, Stadt	II
Kürten	III
Lage, Stadt	II
Langenfeld (Rheinland), Stadt	IV
Langerwehe	II
Leichlingen (Rheinland), Stadt	IV
Lemgo, Stadt	II
Lengerich, Stadt	I
Lennestadt, Stadt	II
Leopoldshöhe	II
Leverkusen, Stadt	IV
Lichtenau, Stadt	I
Lindlar	III
Linnich, Stadt	II
Lippetal	I
Lippstadt, Stadt	II
Lohmar, Stadt	IV
Löhne, Stadt	II
Lotte	II
Lübbecke, Stadt	II
Lüdenscheid, Stadt	III
Lüdinghausen, Stadt	II
Lünen, Stadt	III
Marienheide	II
Marl, Stadt	III
Marsberg, Stadt	I
Mechernich, Stadt	II
Meckenheim, Stadt	III
Meerbusch, Stadt	V
Meinerzhagen, Stadt	II
Menden (Sauerland), Stadt	II
Meschede, Stadt	I
Mettingen	I
Mettmann, Stadt	IV
Minden, Stadt	II

Gemeinde	Mietenstufe
Moers, Stadt	III
Möhnesee	I
Mönchengladbach, Stadt	III
Monheim am Rhein, Stadt	V
Monschau, Stadt	I
Morsbach	I
Much	II
Mülheim an der Ruhr, Stadt	IV
Münster, Stadt	V
Netphen, Stadt	II
Nettetal, Stadt	II
Neuenkirchen	II
Neuenrade, Stadt	II
Neukirchen-Vluyn, Stadt	III
Neunkirchen	II
Neunkirchen-Seelscheid	III
Neuss, Stadt	IV
Niederkassel, Stadt	IV
Niederkrüchten	II
Niederzier	II
Nörvenich	III
Nottuln	II
Nümbrecht	II
Oberhausen, Stadt	III
Ochtrup, Stadt	I
Odenthal	IV
Oelde, Stadt	I
Oer-Erkenschwick, Stadt	III
Oerlinghausen, Stadt	II
Olfen, Stadt	II
Olpe, Stadt	III
Olsberg, Stadt	I
Ostbevern	II
Overath	IV
Paderborn, Stadt	II
Petershagen, Stadt	I
Plettenberg, Stadt	II
Porta Westfalica, Stadt	I
Preussisch Oldendorf, Stadt	I
Pulheim, Stadt	V
Radevormwald, Stadt	III
Raesfeld	II
Rahden, Stadt	I
Ratingen, Stadt	V
Recke	I
Recklinghausen, Stadt	III
Rees, Stadt	II
Reichshof	I
Reken	I
Remscheid, Stadt	III
Rheda-Wiedenbrück, Stadt	III
Rhede, Stadt	II
Rheinbach, Stadt	IV
Rheinberg, Stadt	III
Rheine, Stadt	II
Rietberg, Stadt	II
Rommerskirchen	III
Rosendahl	I
Rösrath, Stadt	V
Ruppichteroth	II
Rüthen, Stadt	I
Salzkotten, Stadt	I
Sankt Augustin, Stadt	IV
Sassenberg, Stadt	II
Schalksmühle	II
Schermbeck	III
Schleiden, Stadt	I
Schloß Holte-Stukenbrock	II
Schmallenberg, Stadt	I
Schwalmtal	II
Schwelm, Stadt	III
Schwerte, Stadt	III
Selfkant	II
Selm, Stadt	III
Senden	II
Sendenhorst, Stadt	II
Siegburg, Stadt	V
Siegen, Stadt	III
Simmerath	II
Soest, Stadt	II
Solingen, Stadt	IV
Spenge, Stadt	I
Sprockhövel, Stadt	III
Stadtlohn, Stadt	II
Steinfurt, Stadt	II
Steinhagen	II
Steinheim, Stadt	I
Stemwede	I
Stolberg (Rheinland), Stadt	III
Straelen, Stadt	II
Sundern (Sauerland), Stadt	I
Swisttal	III
Telgte, Stadt	III
Tönisvorst, Stadt	III

Gemeinde	Mietenstufe
Troisdorf, Stadt	IV
Übach-Palenberg, Stadt	II
Unna, Stadt	III
Velbert, Stadt	III
Velen, Stadt	I
Verl, Stadt	II
Versmold, Stadt	I
Viersen, Stadt	III
Vlotho, Stadt	I
Voerde (Niederrhein), Stadt	III
Vreden, Stadt	I
Wachtberg	IV
Wadersloh	I
Waldbröl, Stadt	II
Waltrop, Stadt	III
Warburg, Stadt	I
Warendorf, Stadt	II
Warstein, Stadt	I
Wassenberg, Stadt	II
Weeze	II
Wegberg, Stadt	III
Weilerswist	III
Welver	II
Wenden	I
Werdohl, Stadt	II
Werl, Stadt	II
Wermelskirchen, Stadt	III
Werne, Stadt	II
Werther (Westf.), Stadt	II
Wesel, Stadt	III
Wesseling, Stadt	IV
Westerkappeln	I
Wetter (Ruhr), Stadt	III
Wickede (Ruhr)	II
Wiehl, Stadt	II
Willich, Stadt	IV
Wilnsdorf	I
Windeck	II
Winterberg, Stadt	I
Wipperfürth, Stadt	II
Witten, Stadt	III
Wülfrath, Stadt	III
Wuppertal, Stadt	III
Würselen, Stadt	III
Xanten, Stadt	III
Zülpich, Stadt	II

Kreis	Mietenstufe
Borken	I
Coesfeld	II
Düren	II
Ennepe-Ruhr-Kreis	III
Euskirchen	I
Gütersloh	II
Heinsberg	I
Herford	I
Hochsauerlandkreis	I
Höxter	I
Kleve	II
Lippe	I
Märkischer Kreis	II
Paderborn	I
Siegen-Wittgenstein	I
Städteregion Aachen	II
Steinfurt	I
Warendorf	I
Wesel	II

Land: Rheinland-Pfalz

Gemeinde	Mietenstufe
Alzey, Stadt	III
Andernach, Stadt	II
Bad Dürkheim, Stadt	III
Bad Kreuznach, Stadt	III
Bad Neuenahr-Ahrweiler, Stadt	III
Bendorf, Stadt	II
Betzdorf, Stadt	I
Bingen am Rhein, Stadt	III
Bitburg, Stadt	II
Bobenheim-Roxheim	III
Böhl-Iggelheim	II
Boppard, Stadt	I
Diez, Stadt	II
Frankenthal (Pfalz), Stadt	III
Germersheim, Stadt	III
Grafschaft	II
Grünstadt, Stadt	III
Haßloch	III
Herxheim b. Landau/Pfalz	III
Idar-Oberstein, Stadt	I
Ingelheim am Rhein, Stadt	IV
Kaiserslautern, Stadt	II
Koblenz, Stadt	III
Konz, Stadt	II

Gemeinde	Mietenstufe
Lahnstein, Stadt	II
Landau in der Pfalz, Stadt	III
Limburgerhof	III
Ludwigshafen am Rhein, Stadt	IV
Mainz, Landeshauptstadt	VI
Mayen, Stadt	II
Montabaur, Stadt	II
Morbach	I
Mülheim-Kärlich, Stadt	I
Mutterstadt	III
Neustadt (a. d. Weinstr.), Stadt	II
Neuwied, Stadt	II
Pirmasens, Stadt	I
Remagen, Stadt	III
Schifferstadt, Stadt	III
Sinzig, Stadt	II
Speyer, Stadt	III
Trier, Stadt	III
Wittlich, Stadt	II
Worms, Stadt	III
Wörth am Rhein, Stadt	III
Zweibrücken, Stadt	I

Kreis	Mietenstufe
Ahrweiler	I
Altenkirchen (Westerwald)	I
Alzey-Worms	II
Bad Dürkheim	II
Bad Kreuznach	I
Bernkastel-Wittlich	I
Birkenfeld, Nationalparklandkreis	I
Eifelkreis Bitburg-Prüm	I
Cochem-Zell	I
Donnersbergkreis	I
Germersheim	II
Kaiserslautern	I
Kusel	I
Mainz-Bingen	III
Mayen-Koblenz	I
Neuwied	I
Rhein-Hunsrück-Kreis	I
Rhein-Lahn-Kreis	I
Rhein-Pfalz-Kreis	III
Südliche Weinstraße	II
Südwestpfalz	I
Trier-Saarburg	I
Vulkaneifel	I
Westerwaldkreis	I

Land: Saarland

Gemeinde	Mietenstufe
Beckingen	I
Bexbach, Stadt	I
Blieskastel, Stadt	II
Dillingen/Saar, Stadt	II
Eppelborn	I
Friedrichsthal, Stadt	I
Heusweiler	II
Homburg, Stadt	III
Illingen	I
Kirkel	IV
Kleinblittersdorf	II
Lebach, Stadt	I
Losheim am See	I
Mandelbachtal	I
Marpingen	I
Merzig, Stadt	II
Mettlach	I
Neunkirchen, Stadt	II
Ottweiler, Stadt	I
Püttlingen, Stadt	III
Quierschied	I
Rehlingen-Siersburg	I
Riegelsberg	II
Saarbrücken, Landeshauptstadt	III
Saarlouis, Stadt	II
Saarwellingen	I
Sankt Ingbert, Stadt	II
Sankt Wendel, Stadt	II
Schiffweiler	I
Schmelz	I
Schwalbach	II
Spiesen-Elversberg	I
Sulzbach/Saar, Stadt	II
Tholey	I
Überherrn	II
Völklingen, Stadt	II
Wadern, Stadt	I
Wadgassen	I

5

Kreis	Mietenstufe
Neunkirchen	II
Merzig-Wadern	II
Regionalverband Saarbrücken	I
Saarlouis	I
Saarpfalz-Kreis	I
Sankt Wendel	I

Land: Sachsen

Gemeinde	Mietenstufe
Annaberg-Buchholz, Stadt	I
Aue, Stadt	I
Auerbach/Vogtl., Stadt	I
Bannewitz	III
Bautzen, Stadt	II
Bischofswerda, Stadt	II
Borna, Stadt	II
Burgstädt, Stadt	I
Chemnitz, Stadt	II
Coswig, Stadt	III
Crimmitschau, Stadt	I
Delitzsch, Stadt	II
Dippoldiswalde, Stadt	II
Döbeln, Stadt	I
Dresden, Landeshauptstadt	III
Ebersbach-Neugersdorf, Stadt	I
Eilenburg, Stadt	II
Flöha, Stadt	II
Frankenberg, Stadt	I
Freiberg, Stadt	II
Freital, Stadt	II
Frohburg, Stadt	II
Glauchau, Stadt	II
Görlitz, Stadt	I
Grimma, Stadt	II
Großenhain, Stadt	I
Heidenau, Stadt	II
Hohenstein-Ernstthal, Stadt	II
Hoyerswerda, Stadt	II
Kamenz, Stadt	II
Klipphausen	I
Leipzig, Stadt	II
Lichtenstein/Sa., Stadt	I
Limbach-Oberfrohna, Stadt	II
Löbau, Stadt	I
Marienberg, Stadt	I
Markkleeberg, Stadt	III
Markranstädt, Stadt	II
Meerane, Stadt	I
Meißen, Stadt	II
Mittweida, Stadt	II
Mülsen	I
Neustadt in Sachsen, Stadt	II
Nossen, Stadt	I
Oelsnitz/Erzgeb., Stadt	I
Oelsnitz/Vogtland, Stadt	I
Olbernhau, Stadt	I
Oschatz, Stadt	II
Pirna, Stadt	II
Plauen, Stadt	I
Radeberg, Stadt	II
Radebeul, Stadt	III
Reichenbach/Vogtl., Stadt	I
Riesa, Stadt	II
Schkeuditz, Stadt	II
Schneeberg, Stadt	I
Schwarzenberg/Erzgeb., Stadt	I
Stollberg/Erzgeb., Stadt	II
Taucha, Stadt	III
Torgau, Stadt	I
Weinböhla	II
Weißwasser/O.L., Stadt	II
Werdau, Stadt	I
Wilsdruff, Stadt	II
Wurzen, Stadt	I
Zittau, Stadt	I
Zwickau, Stadt	II
Zwönitz, Stadt	I

Kreis	Mietenstufe
Bautzen	I
Erzgebirgskreis	I
Görlitz	I
Leipzig	II
Meißen	I
Mittelsachsen	I
Nordsachsen	I
Sächsische Schweiz-Osterzgebirge	I
Vogtlandkreis	I
Zwickau	I

Land: Sachsen-Anhalt

Gemeinde	Mietenstufe
Aschersleben, Stadt	II
Bad Dürrenberg, Stadt	II
Bernburg (Saale), Stadt	II
Bitterfeld-Wolfen, Stadt	III
Blankenburg (Harz), Stadt	I
Braunsbedra, Stadt	II
Burg, Stadt	II
Coswig (Anhalt), Stadt	I
Dessau-Roßlau, Stadt	III
Eisleben, Lutherstadt	II
Gardelegen, Stadt	I
Genthin, Stadt	II
Gommern, Stadt	I
Gräfenhainichen, Stadt	II
Halberstadt, Stadt	II
Haldensleben, Stadt	II
Halle (Saale), Stadt	III
Hettstedt, Stadt	II
Hohe Börde	II
Jessen (Elster), Stadt	II
Klötze, Stadt	I
Köthen (Anhalt), Stadt	III
Landsberg, Stadt	I
Leuna, Stadt	II
Magdeburg, Landeshauptstadt	III
Merseburg, Stadt	III
Möckern, Stadt	I
Muldestausee	II
Naumburg (Saale), Stadt	III
Oberharz am Brocken, Stadt	II
Oebisfelde-Weferlingen, Stadt	II
Oschersleben (Bode), Stadt	II
Osterwieck, Stadt	I
Quedlinburg, Stadt	II
Querfurt, Stadt	II
Salzatal	II
Salzwedel, Stadt	II
Sandersdorf-Brehna, Stadt	II
Sangerhausen, Stadt	II
Schkopau	III
Schönebeck (Elbe), Stadt	II
Staßfurt, Stadt	II
Stendal, Stadt	II
Südliches Anhalt, Stadt	I
Tangerhütte, Stadt	II
Tangermünde, Stadt	II
Teutschenthal	II
Thale, Stadt	II
Wanzleben-Börde, Stadt	II
Weißenfels, Stadt	II
Wernigerode, Stadt	II
Wittenberg, Lutherstadt	II
Wolmirstedt, Stadt	II
Zeitz, Stadt	II
Zerbst/Anhalt, Stadt	II

Kreis	Mietenstufe
Altmarkkreis-Salzwedel	I
Anhalt-Bitterfeld	II
Börde	I
Burgenlandkreis	I
Harz	I
Jerichower Land	II
Mansfeld-Südharz	I
Saalekreis	II
Salzlandkreis	II
Stendal	I
Wittenberg	I

Land: Schleswig-Holstein

Gemeinde	Mietenstufe
Ahrensburg, Stadt	VII
Bad Bramstedt, Stadt	III
Bad Oldesloe, Stadt	IV
Bad Schwartau, Stadt	V
Bad Segeberg, Stadt	IV
Bargteheide, Stadt	V
Barmstedt	IV
Barsbüttel	VII
Brunsbüttel, Stadt	II
Büldesdorf, Stadt	II
Eckernförde, Stadt	IV
Elmshorn, Stadt	IV
Eutin, Stadt	IV
Fehmarn, Stadt	III
Flensburg, Stadt	III
Geesthacht, Stadt	V
Glinde, Stadt	V
Glückstadt, Stadt	III
Halstenbek	VI
Handewitt	I

Gemeinde	Mietenstufe
Harrislee	III
Heide, Stadt	III
Henstedt-Ulzburg	V
Husum, Stadt	III
Itzehoe, Stadt	III
Kaltenkirchen, Stadt	IV
Kiel, Landeshauptstadt	V
Kronshagen	IV
Lauenburg/Elbe, Stadt	IV
Lübeck, Stadt	IV
Malente	III
Mölln, Stadt	III
Neumünster, Stadt	III
Neustadt in Holstein, Stadt	III
Niebüll, Stadt	II
Norderstedt, Stadt	VI
Pinneberg, Stadt	V
Preetz, Stadt	III
Quickborn, Stadt	V
Ratekau	IV
Ratzeburg, Stadt	III
Reinbek, Stadt	V
Rellingen	V
Rendsburg, Stadt	III
Scharbeutz	IV
Schenefeld, Stadt	VII
Schleswig, Stadt	III
Schwarzenbek, Stadt	IV
Schwentinental	IV
Stockelsdorf	IV
Sylt	VI
Tornesch, Stadt	V
Uetersen, Stadt	IV
Wedel, Stadt	VI
Wentorf bei Hamburg	V

Kreis	Mietenstufe
Dithmarschen	I
Herzogtum Lauenburg	III
Nordfriesland	II
Ostholstein	III
Pinneberg	III
Plön	III
Rendsburg-Eckernförde	II
Schleswig-Flensburg	I
Segeberg	III
Steinburg	II
Stormarn	IV

Land: Thüringen

Gemeinde	Mietenstufe
Altenburg, Stadt	II
Apolda, Stadt	II
Arnstadt, Stadt	II
Bad Langensalza, Stadt	I
Bad Salzungen, Stadt	II
Eisenach, Stadt	II
Eisenberg, Stadt	I
Erfurt, Landeshauptstadt	III
Gera, Stadt	I
Gotha, Stadt	II
Greiz, Stadt	I
Heilbad Heiligenstadt, Stadt	II
Hildburghausen, Stadt	I
Ilmenau, Stadt	II
Jena, Stadt	IV
Leinefelde-Worbis, Stadt	I
Meiningen, Stadt	II
Meuselwitz, Stadt	II
Mühlhausen/Thüringen, Stadt	I
Nordhausen, Stadt	II
Pößneck, Stadt	II
Rudolstadt, Stadt	II
Saalfeld/Saale, Stadt	II
Schmalkalden, Stadt	II
Schmölln, Stadt	I
Sömmerda, Stadt	II
Sondershausen, Stadt	II
Sonneberg, Stadt	I
Suhl, Stadt	II
Waltershausen, Stadt	I
Weimar, Stadt	III
Zella-Mehlis, Stadt	II
Zeulenroda-Triebes, Stadt	I

Kreis	Mietenstufe
Altenburger Land	I
Eichsfeld	I
Gotha	I
Greiz	I
Hildburghausen	I

Kreis	Mietenstufe	Kreis	Mietenstufe
Ilm-Kreis	I	Schmalkalden-Meiningen	I
Kyffhäuserkreis	I	Sömmerda	I
Nordhausen	I	Sonneberg	I
Saale-Holzland-Kreis	II	Unstrut-Hainich-Kreis	I
Saale-Orla-Kreis	I	Wartburgkreis	I
Saalfeld-Rudolstadt	II	Weimarer Land	I

Stichwortverzeichnis

Abfindungen 78
Abgrenzung zu Fürsorgeleistungen 12
Abzugsbeträge
- Steuern und Sozialversicherungsbeiträge 84
- Unterhaltsleistungen 86

Alleinerziehendenzuschlag 43, 54
Alternative Wohnformen 31
Altersgrenze, Überschreitung 60
Analogleistungen 35, 49
Anrechnungsfreie Beträge 14
Anspruchsübergang 57
Anteilig gleichwertige Betreuung 39
Antrag 90
Arbeitsbedingte Abwesenheit 30
Arbeitslohn, pauschal besteuerter 77
Arbeitslosengeld II 42
Asylbewerber/innen 35
Asylbewerberleistungsgesetz 48
Aufenthaltsdauer 50
Aufenthaltstitel 33
Aufstiegsfortbildung 61
Aufstockung 43
Ausbildung 59
Ausbildungsbegleitende Hilfen 61
Ausbildungshilfen 44
Ausgleichsbetrag 63
Ausländer/innen 32, 40, 61
Ausschluss
- Sanktionen 58
- Studium oder Ausbildung 59

Ausschlussregelung 40
Auszahlung 91
Auszubildender, Zuschuss 43
Automatisierter Datenabgleich 96

Barauszahlung 92
Basistarif 62
Bedarfsgemeinschaft 42
Behinderung, Mehrbedarf 43
Belastung 68 f.
Beratungspflicht des Jobcenters 54
Berechnung des Wohngelds 66
Berufliche Weiterbildung 61
Beseitigung von Hilfebedürftigkeit 51
Besondere Wohnformen 31
Betreuungsleistungen, pflegerische 31
Betreuungsumfang 39
Betriebliche Altersversorgung 79
Betriebskosten 67
Bewilligungszeitraum 91
Brutto-Einnahmen 77
Bundesversorgungsgesetz 47
Büroraum 30, 69

CO2–Komponente 15

Darlehen 50 f.
Datenabgleich 95
Dauerwohnrecht 28
Doppelte Haushaltsführung 38
Drittstaatenangehörige 33
Dynamisierung 14

Eheähnliche Lebensgemeinschaft 37
Ehegatte 36

6

Eigentümer/innen 28, 67
Eigentumswohnung 28
Eingliederungshilfe 46, 48, 81
Einkommenserhöhung 93
Einkommensermittlung 75
Einkommensverringerung 92
Einkünfte 76
Einkunftsarten 76
Einmalige
- Einnahmen 83
- Leistungen 43
Einstiegsgeld 43
Einwanderung 32
Erbbauberechtigte 29
Ernährung, kostenaufwändige 43
6 Erstattungsansprüche 56, 96
Erstaufnahmeeinrichtungen 35, 48
Essenszubereitung 30

Fachkräfte aus Europa 61
Fachkräfteeinwanderungsgesetz 32
Fachrichtungswechsel 60
Familiengerechtes Wohnen 12
Familienmitglieder 36
Familienversicherung 55
Förderungshöchstdauer 60
Formel zur Wohngeldberechnung 66
Freibeträge 85
Freiwillig Wehrdienst Leistende 61
Freiwilliger Wechsel 54

Garage 68
Geduldete 35
Gemeinschaftsunterkünften 35
Genossenschaftswohnung 28
Gesamteinkommen 75
Gesetzeskonkurrenz 59
Grundsicherung im Alter und bei Erwerbsminderun 44

Härtefalldarlehen 51
Hauptwohnsitz 39
Haushaltsenergie 68
Haushaltsgemeinschaft 34, 50
Haushaltsmitglieder 36
Heimbegriff 30
Heimbewohner/innen 28, 30
Heimplatz 30, 67, 94
Heizkosten 25
Heizungskosten 68
Hereinwachserhaushalte 14
Hilfe zum Lebensunterhalt 45, 82
Hilfe zur Pflege 46
Hilfe zur Überwindung besonderer sozialer Schwierigkeiten 46
Hilfebedürftigkeit, Vermeidung bzw. Beseitigung 50
Hilfebedürftigkeit eines Haushalts 42
Höchstbetrag, zuschussfähiger 67, 71

Internat 81

Jahreseinkommen 76
Jobcenter, Beratungspflicht 54
Justizvollzugsanstalt 30

Kapitalabfindungen 78
KdU-Leistungen 42
Kinder bei getrennt lebenden Eltern 39, 82
Kinder- und Jugendhilfeleistungen 82
Kinderbetreuung 39, 82

Kinderfreibetrag 85
Kinderwohngeld 53
Kinderzuschlag 13, 53, 62
Krankenhausaufenthalt 30
Krankentagegeld 79
Krankenversicherung 84
Krankenversicherungsschutz 54
Kriegsopferfürsorge 47
Kurzzeitpflege 30

Lastenzuschuss 12, 28
Lebensgemeinschaft 37
Lebensmittelpunkt 38
Lebenspartner 36
Lebensunterhalt 34, 75
Leer stehende Räume 30
Lohnersatzleistungen 78

Mehrbedarfe 43, 54
Mehrere Wohngeld-
berechtigte 35
Mehrfachabsetzung 87
Mehrfamilienhaus 28, 67
Meister-BAföG 61
Menschen mit
Behinderungen 45
Menschen mit Behinderungen,
Ausbildungshilfen 61
Miete 67, 69
Mietenstufen 71
Mieter/innen 28
Mieterhöhung 93
Miethöchstbeträge 15
Mietniveau 73
Mietverringerung 93
Mietzuschuss 12, 28
Mischhaushalte 14, 70
Mitteilungspflicht 93
Mittelbare Transferleistungs-
empfänger 42
MobiPro-EU 61

Nachrrangigkeit 56
Nebenkosten zur Miete 67
Nebenwohnsitz 40
Nichtauszahlung 66
Nichtbewilligung der Transfer-
leistung 56
Notunterkünfte 30
Notwendiger Lebensunterhalt in
Einrichtungen 45
Nutzungsverhältnis 32

Pauschale Abzugsbeträge 84
Pflegeeinrichtungen 30
Pflegekinder 37
Pflegeversicherung 84
Pflichtwechsel 53
Positive Einkünfte 76

Rechtsanspruch 12
Reha-Maßnahme 30
Renten 77
Rentenversicherung 84
Rückausnahme vom
Ausschluss 50
Rückausschluss 41, 50, 83
Rückwirkende Beseitigung 56

Sanitäre Einrichtungen 30
Sanktionen 58
Schädigungsfolgen 48
Schwangere, Mehrbedarf 43
SGB II-Leistung 42
Sorgerecht, gemeinsames 39
Soziale Sicherungssysteme,
Trennung 41
Sozialgeld 42, 82
Sozialleistung 12
Sparer-Pauschbetrag 79
Sperrwirkung durch Transfer-
leistung 41
Stellplatz 68

Sterbemonat 38
Steuern 84
Stromkosten 68
Studium 59

Tagespflegepersonen 80
Taschengeld, stationäre Einrichtungen 46
Tod 38
Transferentzugsrate 14
Transferleistungen 12, 81
Transferleistungsempfänger 40

Überbrückungsdarlehen 51
Überbrückungszuschuss 63
Übergangsgeld 44
Übergangsregelung 16
Unionsbürger 33
Unterhaltshilfe 79
Unterhaltsleistungen 50, 86
Unterhaltsvorschussgesetz 80
Unterkunfts- und Heizungskosten 41
Untermieter/innen 28

Verantwortungs- und Einstehensgemeinschaft 37
Verletztengeld 44
Verletztenrente 78
Vermeidung von Hilfebedürftigkeit 51
Vermieterbescheinigung 28
Vermögen, erhebliches 66
Verschwägerte 37
Versicherungspflicht, Zuschuss 43, 54
Versorgungsbezüge 78
Verwandte 36
Verwandtschaftliches Verhältnis 36
Vorschussweise Gewährung 90
Vorübergehende
- Abwesenheit 38
- Nichtnutzung 30

Warmwasserkosten 68
Wechsel, wohngeldberechtigte Person 36
Wechselmodell, paritätisches 39, 82
Wechslerhaushalte 14
Wegfall des Wohngeldanspruchs 94
Wehrdienstverhältnis 63
Wehrsold 63
Werbungskosten 76
Wirtschaftliche Sicherung 12
Wohn- und Wirtschaftsgemeinschaft 37
Wohngeldformel 66
Wohnformen 50
Wohngeld-Lastenberechnung 68
Wohngeldberechtigte 28
Wohngeldbescheid 90
Wohngelderhöhende Sachverhalte 92
Wohngeldhaushalte 14
Wohngeldreform 13, 67 f., 74, 94
Wohngeldverringernde Sachverhalte 93
Wohngemeinschaft 38
Wohngruppe 32
Wohnraum 29

Zahlungsabschnitt 92
Zuschläge 79
Zuschussprinzip 66
Zweitausbildung 60
Zweitwohnung 38